北京市人力社保专业群教育教学内涵建设高等职业院校教材

薪酬管理实训

石玉峰　王巧莲　肖红梅　著

中国劳动社会保障出版社

图书在版编目（CIP）数据

薪酬管理实训 / 石玉峰，王巧莲，肖红梅著 . -- 北京：中国劳动社会保障出版社，2024

北京市人力社保专业群教育教学内涵建设高等职业院校教材

ISBN 978-7-5167-6218-9

Ⅰ.①薪… Ⅱ.①石…②王…③肖… Ⅲ.①工资管理 - 高等职业教育 - 教材 Ⅳ.①F244

中国国家版本馆 CIP 数据核字（2024）第 010180 号

中国劳动社会保障出版社出版发行

（北京市惠新东街 1 号　邮政编码：100029）

*

北京市艺辉印刷有限公司印刷装订　新华书店经销
787 毫米 ×1092 毫米　16 开本　8.5 印张　156 千字
2024 年 2 月第 1 版　2024 年 2 月第 1 次印刷
定价：50.00 元

营销中心电话：400-606-6496
出版社网址：http://www.class.com.cn

版权专有　　侵权必究

如有印装差错，请与本社联系调换：（010）81211666
我社将与版权执法机关配合，大力打击盗印、销售和使用盗版图书活动，敬请广大读者协助举报，经查实将给予举报者奖励。
举报电话：（010）64954652

前　言

　　党的二十大报告提出，坚持多劳多得，鼓励勤劳致富，促进机会公平，增加低收入者收入，扩大中等收入群体。这体现了党中央对保障收入分配公平的重视。中国式现代化是全体人民共同富裕的现代化，分配制度是促进共同富裕的基础性制度。薪酬作为劳动者的劳动报酬，是劳动者收入的重要组成部分。企事业单位内部薪酬管理是收入分配的重要范畴，其薪酬分配公平事关收入分配公平。

　　薪酬管理是人力资源管理专业及其相关专业的一门专业核心课程，有着很强的技术性与实践性。为了满足高职人力资源管理专业薪酬管理课程理实一体化教学的需要，按照《国家职业教育改革实施方案》中提出的"倡导使用新型活页式、工作手册式教材"的要求，我们组织编写了本教材，配合传统教材使用。教材内容的选取充分体现了基于工作过程的职业教育课程开发理念，突出体现实践性——围绕企事业单位真实的薪酬管理任务展开。全书以薪酬管理理论和方法的应用为主线，精选了薪酬与薪酬管理认知、薪资计发、岗位评价和薪酬体系优化与调整测算四大核心任务，共计22项子任务。

　　教材编写分工如下：北京劳动保障职业学院教师肖红梅负责编写项目一，北京劳动保障职业学院教师石玉峰负责编写项目二、项目三，北京劳动保障职业学院教师王巧莲负责编写项目四。全书由石玉峰老师统稿。本书是在一体化教学模式下探索校企合作开发教材的有益尝试，中智（北京）经济技术合作有限公司副总经理崔岩、招聘与校企发展部部长韩怡然为本书的编写提供了丰富的素材、案例和实训项目，在此一并表示感谢！

　　本书既适用于高职高专人力资源管理专业的课堂教学，也可作为社会力量办学机构与人才培训机构的培训用书，同时还可供人力资源管理从业人员参考使用。

　　由于编者能力有限，本书的疏漏和不足之处在所难免，恳请广大读者批评指正。

目 录

项目一 薪酬与薪酬管理认知 ……………………………………………………（1）
  任务一 掌握薪酬相关概念 ………………………………………………（2）
  任务二 认识工资总额组成 ………………………………………………（9）
  任务三 知晓工资影响因素 ………………………………………………（14）
  任务四 熟悉岗位等级工资制 ……………………………………………（15）
  任务五 熟悉薪酬体系与薪酬管理制度 …………………………………（21）
  任务六 熟悉薪酬专员（主管）岗位职责 ………………………………（28）

项目二 薪资计发 ………………………………………………………………（32）
  任务一 熟悉工资支付的一般规定 ………………………………………（32）
  任务二 计算加班加点工资 ………………………………………………（36）
  任务三 特殊情况下的工资支付 …………………………………………（40）
  任务四 计算固定应发工资 ………………………………………………（44）
  任务五 计算浮动应发工资 ………………………………………………（48）
  任务六 计算五险一金代扣代缴 …………………………………………（52）
  任务七 计算个人所得税扣缴 ……………………………………………（55）

项目三 岗位评价 ………………………………………………………………（62）
  任务一 熟悉岗位评价方法 ………………………………………………（63）
  任务二 构建岗位评价模型 ………………………………………………（66）
  任务三 实施岗位评价 ……………………………………………………（73）
  任务四 处理岗位评价数据 ………………………………………………（77）
  任务五 划分岗位等级 ……………………………………………………（80）

项目四 薪酬体系优化与调整测算 ……………………………………………（85）
  任务一 调查分析薪酬现状 ………………………………………………（86）
  任务二 统计分析薪酬数据 ………………………………………………（90）
  任务三 测算薪酬标准 ……………………………………………………（96）
  任务四 套改薪酬方案 ……………………………………………………（111）

附录 ……………………………………………………………………………（117）

项目一
薪酬与薪酬管理认知

一、情境导入

经过层层选拔、多轮面试后,高等职业院校人力资源管理专业毕业的你终于成功入职了心心向往的鑫薪集团有限公司(以下简称鑫薪公司),担任人力资源部薪酬专员一岗,开启了你的职业之旅。初入职场,你是不是既兴奋又紧张呢?不过,别太担心,你不会立刻就接触实际业务工作。按照公司人力资源部对新员工的安排,你将接受为期半年的新员工培训及业务跟岗培训,其中业务跟岗培训是跟随人力资源部现任薪酬主管萧晓熟悉薪酬专员的各项工作,半年后萧晓可能会轮转到新的岗位履职,你将独立承担薪酬专员的工作。

本月是进入鑫薪公司的第一个月,你的任务是除参加公司安排的新员工培训外,通过跟随薪酬主管萧晓的业务跟岗培训,建立对薪酬以及鑫薪公司的薪酬体系、薪酬管理制度和薪酬管理工作较为全面的认知。你需要结合业务跟岗培训的内容,将之前在学校里学过的相关专业知识进行复盘,做到理论与实践有机结合。

二、项目概况

本项目以薪酬专员岗位应知应会的薪酬与薪酬管理理论知识为实训背景,学生通过完成实训任务,进一步理解薪酬的含义,辨析与薪酬有关的概念,掌握薪酬的基本形式,能核定工资总额,了解工资水平的影响因素,能读懂公司的薪酬管理制度,把握薪酬管理制度的制度框架与设计要点,熟悉薪酬专员岗位职责等。

任务一 掌握薪酬相关概念

一、任务目标

1. 知识目标：理解薪酬的含义，能够准确辨析与薪酬有关的概念；了解薪酬管理目标与薪酬策略。

2. 技能目标：能够识别薪酬的基本形式，结合公司具体情况为公司薪酬策略的选择提出合理化建议。

3. 素质目标：认识到公司薪酬管理的重要性，为胜任薪酬专员岗位而加强薪酬管理基本知识储备。

二、任务清单

（一）掌握薪酬的基本概念

任务描述	为了帮助你尽快熟悉薪酬工作的内容，薪酬主管萧晓要求你先通过主动思考与查阅资料搞清楚薪酬的概念与实质。最初你认为薪酬的概念就是因工作而获得的工资，或者通俗地讲就是"钱"，萧晓则笑笑没有接话，而是要求你继续深入了解，首先可以通过"所得畅想"启发自己。
任务实施	1. 现在请你积极畅想，在自己未来的工作中，希望自己的雇主或公司为自己提供哪些形式的回报，畅想的内容可以包括任何你认为公司可以提供的回报，可以适度想象但不应有不切实际的幻想。把你能想到的内容逐一罗列。 2. 请把你罗列的所有回报进行分类。可从经济性、非经济性的角度，直接、间接的角度，以及窄口径、中等口径、宽口径的角度等多角度对所罗列的回报进行分类，并分别总结各类薪酬的定义和特点。

（二）掌握鑫薪公司的工资发放清单（工资条）

任务描述

为了帮助你尽快对鑫薪公司薪酬专员岗位的工作有感性的认识，在业务跟岗培训的第一天，薪酬主管萧晓给你拿来了鑫薪公司上个月（2022年6月）的工资发放清单，让你来熟悉鑫薪公司的薪资构成。萧晓再三叮嘱你此工资发放清单不得外传，务必做好保密工作。

以下为鑫薪公司特许发展事业部合同管理主管李东的工资发放清单（见表1-1）。

表1-1　鑫薪公司特许发展事业部合同管理主管李东工资发放清单

职工姓名	身份证号	部门	职务	基础工资/元	岗位工资/元	提成工资/元	餐补/元	各项补助/元	加班费/元
李东	—	特许发展事业部	合同管理主管	3 600.00	2 880.00	0.00	220.00	330.00	0.00

补发（补扣）工资/元	考勤扣款/元	应发工资/元	养老保险/元	失业保险/元	医疗（生育）保险/元	住房公积金/元	个税/元	实发合计/元
600.00	0.00	7 630.00	505.60	31.60	129.40	316.00	34.35	6 613.05

任务实施

1. 请你识别李东的工资发放清单中基本工资是多少？绩效工资是多少？福利是多少？

续表

任务实施	2. 请你识别李东每个月的应发工资是多少？实发工资是多少？实发工资是怎样计算出来的？ 3. 拓展：请你结合所学社会保险与公积金知识，进一步推算出李东各项社会保险费的缴费基数，以及住房公积金的缴费基数与缴存比例。

（三）计算工资率

任务描述	以你目前的年收入为例，计算你的年工资率、月工资率、日工资率、小时工资率。
任务实施	1. 计算各类工资率，包括年工资率、月工资率、日工资率、小时工资率。 2. 拓展：你在计算日工资率时如何确定工作天数？

（四）认识工资率的本质

任务描述	上周末你与大学室友聚会聊天，得知室友虽然也在从事人力资源工作，但由于所在公司业务繁忙，"加班文化"严重，所以室友的工作时间也较长，而你日常"朝九晚五"，几乎没有加班的情况。但说起收入，室友的收入也比你有较为明显的优势，因此内心颇有失落。薪酬主管萧晓给你讲了"工资率"的本质，告诉你了"时薪"的秘密。
任务实施	1. 以你和室友的收入水平和工作时间为条件，计算二者的"时薪"。 2. 对比二者的"时薪"，体会"时薪"的奥秘，你是否还有失落感？ 3. 拓展：请尝试问一下你的薪酬专业课老师的工资收入及工作时间，计算老师的"时薪"水平。

（五）设计市场薪酬水平调查问卷

任务描述	鑫薪公司本年度第一季度高级管理人员流失严重，市场部总监、产品研发部高级经理都相继提出了离职，后来了解到他们被猎头挖到了行业内的康达公司。康达公司是鑫薪公司在市场上的竞争对手。此外，主管级员工的流失状况也较为严重，导致一些岗位上人员空缺，一定程度上影响了公司业务的正常运行，也使得公司招聘专员招聘压力比较大。为此，公司领导层建议人力资源部好好分析一下员工流失的原因，采取相应对策遏制住员工流失的势头。 　　薪酬主管萧晓考虑做一次市场薪酬水平调查，看看鑫薪公司的薪酬水平在业内处于一个怎样的位置。
任务实施	1. 查阅薪酬市场调查相关资料，设计市场薪酬水平调查问卷。 　　2. 萧晓告诉你，公司拨给此次市场薪酬水平调查的预算是 10 万元。请你根据该预算，选择合适的市场薪酬水平调查方式，必要时对市场薪酬水平调查问卷进行调整。

（六）薪酬策略认知

任务描述	市场薪酬水平调查结果出来了。经过与公司现有薪酬水平比对，结果如下。 1. 基层管理/专业技术/技能岗位（岗级 G1～G10 级）：30 000 元。 2. 中层管理/专业技术/技能岗位（岗级 G11～G16 级）：40 000 元。 3. 高层管理岗位（岗级 G17～G22 级）：55 000 元。 　　你从员工关系管理主管那里获悉，上个月刚离职的市场部总监张女士离职的一个重要原因是张女士的孩子今年高二了，她需要有更多的时间来照顾孩子，而鑫薪公司的考勤打卡制度非常严格，加班现象也很普遍，导致张女士难以做到工作生活平衡，不能很好地照顾孩子。根据后面对张女士的离职去向追踪，张女士跳槽到的康达公司则享有弹性工作时间。 　　基于上述情况，要进一步明确公司下一步拟采取的相应措施。
任务实施	1. 根据上述比对结果，请你分析目前鑫薪公司采取的薪酬策略属于哪一种（或几种）薪酬策略。 2. 结合上个月刚离职的市场部总监张女士的情况，请你对下一步完善高层管理人员的薪酬给出相应措施。

续表

任务实施	3. 为了尽快遏制员工特别是高层管理人员的流失势头，你认为下一步公司应该在薪酬策略上作出哪些调整？

（七）设计薪酬满意度调查问卷与访谈提纲

任务描述	为了进一步分析员工流失的原因，人力资源部总监建议对整个公司做一次全面的薪酬满意度调查。对此，薪酬主管萧晓让你完成薪酬满意度调查前期准备的基础性工作。
任务实施	1. 请你列出在进行薪酬满意度调查时需要做好的基础性工作。 2. 查阅薪酬满意度调查问卷范例，结合你所了解到的公司工资发放清单中的工资收入构成，设计公司薪酬满意度调查问卷。

任务实施	3. 作为薪酬满意度调查问卷的补充，还需要找一些有代表性的员工做薪酬满意度访谈。请你设计薪酬满意度访谈提纲，并列出拟访谈的初步名单，说明这份名单确定的过程及理由。

三、任务评价

评价标准：本任务主要考查学生对薪酬的含义、薪酬的形式理解是否准确；能否看得懂工资发放清单，以及准确计算工资发放清单中的社会保险的缴费金额和住房公积金的缴存金额；能否准确理解四种薪酬策略及其运用；对于企业薪酬管理中常见的市场薪酬水平调查和薪酬满意度调查两项工作，能否设计相应的调查问卷及访谈提纲，并开展相应工作。

任务二　认识工资总额组成

一、任务目标

1. 知识目标：熟练掌握工资总额应包括的六个组成部分，以及不应计入工资总额的部分。

2. 技能目标：能准确识别工资发放清单中的哪些项目应计入工资总额，哪些项目不应计入工资总额，从而准确核定年度工资总额以及社会保险缴费基数与住房公积金缴存基数。

3. 素质目标：准确核定工资总额，确保社会保险缴费基数及住房公积金缴存基数准确核定，做到员工参保和公积金缴存合法合规。

二、任务清单

（一）准确识别工资发放清单中应计入工资总额的组成部分

任务描述	某天，鑫薪公司下属二级公司的员工王强打电话来咨询他本月从公司收到的收入中哪些应计入工资总额。其实，王强之前也咨询过该二级公司的人力资源专员，但总觉得二级公司人力资源专员不如公司总部薪酬专员具有权威性。以下是他2022年6月由公司所派发的各项收入： 1. 岗位工资3 200元； 2. 绩效工资2 200元； 3. 计划生育独生子女补贴5元； 4. 为公司提出合理化建议所得奖励500元； 5. 通信补贴430元； 6. 在公司开展的主题征文比赛中获奖，得稿费1 000元； 7. 购买公司股票而派发的股息8 400元； 8. 劳动保护费用100元； 9. 回老家广州探亲报销的交通费869元； 10. 交通补贴480元。
任务实施	1. 你作为总部人力资源部薪酬专员，请查阅相关文件规定，向王强讲解工资总额的组成部分。解释答疑的过程中要注意政策文件的准确性。 2. 结合文件规定，向王强说明上述10项收入中应计入工资总额的有哪些，不应计入工资总额的有哪些。对于不能计入工资总额的，请说明理由。

（二）核定社会保险缴费基数和住房公积金缴存基数

任务描述	2022年7月19日，北京市人力资源和社会保障局、北京市医疗保障局、国家税务总局北京市税务局发布了《关于统一2022年度各项社会保险缴费工资基数上下限的通知》。同月，北京市住房公积金管理中心发布了《关于2022住房公积金年度住房公积金缴存有关问题的通知》。鑫薪公司即将开始核定全体员工2022年度的社会保险缴费基数和住房公积金缴存基数（俗称"调基"工作），此项工作工作量较大。
任务实施	1. 请查阅相关网站，准确下载《关于统一2022年度各项社会保险缴费工资基数上下限的通知》《关于2022住房公积金年度住房公积金缴存有关问题的通知》两个文件。 2. 回顾你所学习的社会保险及住房公积金相关知识，核定一下鑫薪公司特许发展事业部2023年度社会保险缴费基数和住房公积金缴存基数，并计算相应的缴费金额。相关资料详见表1-2。

续表

任务实施	3. 薪酬主管萧晓告诉你，去年在"调基"时，曾经有员工张丽来人力资源部专门询问，她觉得给自己核定的基数少了。 细心的张丽每收到工资条上的一笔钱后都会记录下来输入到 Excel 表格中，这样一年下来，张丽就可以很清楚地算出这一年她到底赚了多少钱。2021 年，人力资源部给张丽核定的 2020 年度工资总额为 98 162 元，这个数与张丽自己用 Excel 表格核定的结果 105 631 元相差 7 000 多元。张丽知道这个工资总额数将直接关系到她的各项社会保险费的缴费基数。如果给她核定少了，最直接的是每个月打入她医保卡里的钱会相应少，每个月打入住房公积金账户里的钱也会少。因此，张丽带着自己的工资发放清单明细，心怀不满地来到了人力资源部询问。最后，还是萧晓专门给张丽做了一番详细计算，并讲解了相关政策，来证明人力资源部 98 162 元的核定结果是正确的，才消除了张丽的不满。 萧晓也说，公司其实还有不少类似张丽的员工对"调基"政策理解不是很到位，尽管没有找人力资源部询问，但私底下总会嘀嘀咕咕，抱怨公司可能并没有足额给他们缴纳社会保险费和住房公积金。 另外，本次公司进行的薪酬满意度调查结果也显示，员工希望公司对工资、社会保险相关政策能有一些基本培训，以消除大家的疑惑。 鉴于此，人力资源部拟开展一次"调基"工作培训会。 请你收集相关政策，提前做好培训 PPT。

表1-2 2022年7月至2023年6月特许发展事业部社会保险缴费基数与住房公积金缴存基数核定及缴费计算

姓名	人员类别（城镇户籍）	2021年月平均工资/元	缴费基数/元	社会保险										住房公积金		
				养老保险		失业保险		工伤保险		医疗（生育）保险			缴存基数/元	单位缴存/元（5%）	个人缴存/元（5%）
				单位缴费/元（16%）	个人缴费/元（8%）	单位缴费/元（0.5%）	个人缴费/元（0.5%）	单位缴费/元（0.5%）	个人缴费/元（0%）	单位缴费/元（9.8%）	个人缴费/元（2%+3元）			
宋一品	企业在职职工	35 000												
王欢喜	企业在职职工	25 000												
李子涵	企业在职职工	18 000												
张东建	企业在职职工	9 000												
王伟辰	企业在职职工	7 800												
冯家瑀	企业在职职工	6 000												
赵茜茜	企业在职职工	5 000												

注：各项社会保险月缴费金额保留2位小数。自2022年7月起，北京市2022年度企业职工基本养老保险、失业保险、工伤保险、职工基本医疗保险（含生育）月缴费基数上限确定为31 884元，月缴费基数下限确定为5 869元。住房公积金月缴费金额保留整数。

三、任务评价

评价标准：本任务主要是考查学生准确掌握工资总额的组成部分以及哪些收入不应计入工资总额。在此基础上，能准确核定社会保险缴费基数及住房公积金缴存基数。

任务三　知晓工资影响因素

一、任务目标

1. 知识目标：能够结合已学过的劳动经济学相关知识，理解影响工资水平的内外部因素。

2. 技能目标：能够分析本公司工资水平的决定因素。

3. 素质目标：能够解释不同岗位特别是同一层级的不同岗位工资存在差异的原因，最大限度消除员工的疑惑与不满。

二、任务清单

向员工解释影响工资水平的因素

任务描述	薪酬主管萧晓向你诉说了她目前工作中的一件烦心事：公司仓库管理部主管郭强因制造部主管的工资比他高300元而感到气愤，郭强认为两人都是同一家公司的主管级岗位，工资标准理应相同。现在两个岗位工资标准相差300元，说明人力资源部定薪很不科学，做事有失公允。为此，郭强总在背后说公司人力资源管理很不专业，也不太配合人力资源部的工作。 如何化解郭强的认知偏差呢？萧晓想听听你的建议。
任务实施	1. 根据所学的知识，请你总结影响工资水平的因素有哪些。

续表

任务实施	2. 萧晓打算约一下仓库管理部主管郭强,专门解释一下这件事情。如果你是萧晓,你将如何做好解释工作?

三、任务评价

评价标准:本任务主要考查学生是否掌握影响工资水平的内外部因素,并能在实务中以此为基础解释不同岗位特别是同一层级不同岗位工资存在差异的原因,以最大限度地消除员工的疑惑与不满。

任务四 熟悉岗位等级工资制

一、任务目标

1. 知识目标:了解岗位等级工资制的原理和基本形式。
2. 技能目标:能设计简单、合理的岗位等级工资标准表。
3. 素质目标:认识到按岗位付酬的合理性。

二、任务清单

(一)深入理解岗位等级工资制的原理

任务描述	通过进一步了解影响工资水平的因素,你体会到岗位的不同对工资水平的影响较大,同时薪酬主管萧晓也向你讲解,本公司的薪酬体系就是以岗位等级工资制为主的,所以你必须对该种工资等级制度有深刻理解。

续表

任务实施	1. 请你回顾岗位等级工资制的基本原理，明确在这种工资体系下，主要是从哪些方面体现岗位劳动价值，并确定相应薪酬水平。 2. 请你思考岗位等级工资制是否指每一个不同岗位对应一个不同的薪酬标准。如若不是，请你解释修正。

（二）认识岗位等级工资制的形式

任务描述	在对岗位等级工资制有基本了解的基础上，萧晓要求你进一步熟悉常见岗位等级工资制的形式，一般为"一岗一薪"和"一岗多薪"的形式。同时萧晓还向你提供了本公司部分岗位及相应等级（见表1-3）。 表1-3 鑫薪公司岗位等级表（部分） | 岗位等级	所含岗位
10	财务部经理、研发部经理
9	人力资源部经理、市场部经理
8	行政管理部经理、高级研发工程师
7	大区销售、研发工程师
6	财务主管、人力资源主管
5	会计、绩效薪酬专员
4	招聘培训专员、出纳、行政管理专员、销售专员
3	人力资源助理、行政助理
2	前台、文秘
1	保洁员	

续表

任务实施	1. 请你根据当地市场水平，尝试给上述岗位等级填入你认为合适的工资标准，完成表1-4。

表1-4 一岗一薪工资标准表

岗位等级	所含岗位	工资标准/元
10	财务部经理、研发部经理	
9	人力资源部经理、市场部经理	
8	行政管理部经理、高级研发工程师	
7	大区销售、研发工程师	
6	财务主管、人力资源主管	
5	会计、绩效薪酬专员	
4	招聘培训专员、出纳、行政管理专员、销售专员	
3	人力资源助理、行政助理	
2	前台、文秘	
1	保洁员	

2. 请你就表1-4思考这种工资等级形式的缺陷及改进措施。

3. 请根据你上述思考和改进措施，进一步尝试将表1-4扩展成为表1-5，并完成表1-5。

续表

<table>
<tr><td rowspan="13">任务
实施</td><td colspan="2" align="center">表 1-5 一岗多薪工资标准表</td></tr>
<tr><td>岗位
等级</td><td>岗位
（略）</td><td colspan="9" align="center">工资标准/元</td></tr>
<tr><td>10</td><td></td><td></td><td></td><td></td><td></td><td></td><td></td><td></td><td></td><td></td></tr>
<tr><td>9</td><td></td><td></td><td></td><td></td><td></td><td></td><td></td><td></td><td></td><td></td></tr>
<tr><td>8</td><td></td><td></td><td></td><td></td><td></td><td></td><td></td><td></td><td></td><td></td></tr>
<tr><td>7</td><td></td><td></td><td></td><td></td><td></td><td></td><td></td><td></td><td></td><td></td></tr>
<tr><td>6</td><td></td><td></td><td></td><td></td><td></td><td></td><td></td><td></td><td></td><td></td></tr>
<tr><td>5</td><td></td><td></td><td></td><td></td><td></td><td></td><td></td><td></td><td></td><td></td></tr>
<tr><td>4</td><td></td><td></td><td></td><td></td><td></td><td></td><td></td><td></td><td></td><td></td></tr>
<tr><td>3</td><td></td><td></td><td></td><td></td><td></td><td></td><td></td><td></td><td></td><td></td></tr>
<tr><td>2</td><td></td><td></td><td></td><td></td><td></td><td></td><td></td><td></td><td></td><td></td></tr>
<tr><td>1</td><td></td><td></td><td></td><td></td><td></td><td></td><td></td><td></td><td></td><td></td></tr>
<tr><td colspan="11">4. 你在制定一岗多薪的薪酬标准时，对于每一等级所设工资档次数、各档次之间差距、上下两个等级的不同档次间的工资标准是否有交叉等问题是如何考虑的？原因是什么？</td></tr>
</table>

（三）了解岗位薪点工资制

任务 描述	在对岗位等级工资表有基本了解后，你意识到不同岗位等级工资标准的确定应遵循一定规律，而非随意确定。同时，等级工资标准作为公司薪酬体系的主体部分，既应具有一定稳定性，也应具备一定灵活性，以便根据公司整体效益灵活调整。 你就自己的疑问和想法与萧晓进行交流，萧晓认为你思考得非常深入到位，同时萧晓也将公司下属二级单位鑫薪建材有限公司的岗位薪点工资制方案给你让你继续学习（见附件1-1）。

续表

任务实施	1. 请你在研读附件 1-1 后,思考岗位薪点工资制的特点和优势。 2. 请你通过学习附件 1-1 中岗位薪点工资的计算过程,完成其中表 1-8 的内容。同时总结岗位薪点工资的计算步骤。

附件 1-1:

鑫薪建材有限公司岗位薪点工资制方案

为了建立现代企业制度,使企业内部分配适应市场经济发展的要求,鑫薪建材有限公司实行岗位薪点工资制。

一、岗位薪点的确定

岗位薪点由基本保障点、岗位报酬点、技能素质点与服务贡献点构成。

1. 基本保障点

基本保障点是确保员工基本正常生活的薪点。对于企业所有员工,基本保障点统一为 100 点,占全部岗位薪点的 25%。

2. 岗位报酬点

岗位报酬点是用来反映劳动差别的薪点,体现了按劳分配原则。岗位报酬点为 101~350 点(见表 1-6),占全部岗位薪点的 62.5%。

表1-6 岗位薪点明细表

岗位等级	岗位系列	岗位点	兼职点
1	管理技术岗	350	
2		320	
3		270	
4	生产服务岗	220	
5		200	
6		180	
7		160	
8		140	
9		120	
10		101	

注：兼职点是对义务兼职的员工和加班加点的员工增加的岗位薪点。兼职薪点数不超过10点，占总薪点数的1.25%。

3. 技能素质点

技能素质点由技能等级点、学历点组成，主要体现员工的实际操作技能和整体素质。其岗位薪点标准为1~40点，占全部薪点的10%。

4. 服务贡献点

服务贡献点是反映员工过去劳动所做贡献的薪点，由工龄点、奖励晋级点、考评点组成。其岗位薪点标准为1~10点，占全部岗位薪点的1.25%。连续工龄年限满一年可折合为2个岗位薪点。奖励晋级点是对有突出贡献的员工所奖励的薪点，一般奖5~10个岗位薪点。考评点是对在绩效考核中成绩优秀的员工进行的激励。

经过汇总，鑫薪建材有限公司各岗级薪点数见表1-7。

表1-7 各岗级薪点数明细表

岗位等级	1	2	3	4	5	6	7	8	9	10
各岗级员工数/人	50	60	80	100	120	90	70	30	18	7
各岗级薪点数/点	120	150	180	210	240	270	300	330	360	390

二、薪点值的确定

薪点值的高低和企业经济效益的好坏是直接挂钩的。

经过公司测算，鑫薪建材有限公司2022年度岗位薪点工资总额为8 460万元。按此总额来测算各岗级工资标准，新工资标准自2022年7月其正式执行，并补发2022年1至6月工资。

表 1-8　鑫薪建材有限公司 2022 年度月工资标准表

岗位等级	1	2	3	4	5	6	7	8	9	10
各岗级员工数/人	50	60	80	100	120	90	70	30	18	7
各岗级薪点数/点	120	150	180	210	240	270	300	330	360	390
各岗级总薪点数/点										
薪点值（小数点后保留两位）										
各岗级工资标准（取整）										

任务五　熟悉薪酬体系与薪酬管理制度

一、任务目标

1. 知识目标：了解薪酬体系的基本类型，对岗位资质绩效薪酬体系有更为深入的理解。

2. 技能目标：能读懂公司薪酬管理制度，把握管理制度的制度框架与设计要点。

3. 素质目标：认识到企业选择合适薪酬体系的重要性，为胜任薪酬专员岗位而加强薪酬体系设计方面的基本知识储备。

二、任务清单

熟悉鑫薪公司薪酬体系与薪酬管理制度

任务描述	薪酬体系是企业激励体系中最重要的组成部分。为了解鑫薪公司薪酬体系及其管理制度，你向薪酬主管萧晓提出了想看一看相应文件的想法。萧晓给你拿来了另一个二级公司鑫薪建设有限公司的薪酬方案（见附件 1-2）。 萧晓要求你在看薪酬方案的时候，复盘一下在校学习期间所学的相关知识，在对薪酬体系总体把握的基础上理解认识鑫薪建设有限公司的薪酬方案。同时，强调这些资料属于公司的保密资料，不得外传。

续表

任务实施	1. 精读附件1-2《鑫薪建设有限公司岗位资质绩效工资制方案（摘录）》，回答如下问题： （1）在设计工资结构（固定工资、浮动工资比例）（见表1-9）时，你认为全公司应该采取一个统一的比例，还是随着岗位等级的提高浮动工资比例越来越高呢？为什么？ （2）鑫薪建设有限公司岗位等级序列表（见表1-10）是通过什么技术方法得到的？实务中有哪些常用的方法？ （3）鑫薪建设有限公司的工资标准表（见表1-11）中岗位资质工资标准采用的是一岗多薪设计，而不是一岗一薪，你认为这样设计是基于什么考虑？ （4）鑫薪建设有限公司的岗位资质工资档次纳入表（见表1-12）考虑到了哪些因素？在设计工资档次纳入表时还可以怎么设计？ 2. 精读附件1-2《鑫薪建设有限公司岗位资质绩效工资制方案（摘录）》，理清方案中表1-10、表1-11、表1-12的内在联系。该公司以下两位职员的岗位资质工资标准和岗位绩效工资标准分别为多少？ （1）03工程部技术副部长：高级工程师（高级）任职3年，本企业工龄5年；拥有一级建造师认证。 （2）05人保部工资管理员：经济师（中级）任职1年，本企业工龄4年。

附件1-2：

鑫薪建设有限公司岗位资质绩效工资制方案（摘录）

第二章　岗位资质工资

第九条　【岗位资质工资等级】

岗位资质工资等级根据职工任职的岗位等级确定。

岗位资质工资等级由公司岗位评价委员会按照"鑫薪建设有限公司岗位评价标准体系"，通过实施岗位评价评定。

"鑫薪建设有限公司岗位等级序列表"见表1-10。

第十条　【岗位资质工资标准】

岗位资质工资是工资构成中的相对固定部分。

岗位资质工资标准实行一岗多薪制。档差按岗位资质工资基准线的5%设计。

岗位资质工资标准，纵向工资档次以岗位等级为基础，体现岗位的价值；横向工资档次以个人岗位资质为依据，体现员工个人人力资本的价值。

"鑫薪建设有限公司岗位资质工资标准表"见表1-11。

第十一条　【纳入岗位资质工资等级的办法】

所有员工按照所任岗位评定的岗位等级，直接进入与本岗位等级相对应的工资等级。

第十二条　【纳入岗位资质工资档次的办法】

员工纳入工资档次的步骤和办法是：

（一）按照公司规划发展战略的要求，明确每个岗位等级任职的专业技术等级或技能等级要求。

（二）正好符合任职专业技术等级或技能等级要求的，纳入岗位资质工资的4档工资标准。其中中层管理人员纳入5档。

（三）低于任职专业技术等级或技能等级要求的，低纳工资档次。

（四）高于任职专业技术等级或技能等级要求的，高纳工资档次。

（五）员工具有专业技术等级或技能等级的，按专业技术年限或技术年限增加工资档次；没有专业技术等级或技能等级的，按改制后的本企业工龄纳入工资档次。

"鑫薪建设有限公司岗位资质工资档次纳入表"见表1-12。

（六）在按前述纳入工资档次的基础上，对于具有二级建造师认证的员工，高纳一个工资档次；具有一级建造师认证的员工，高纳两个工资档次。

（七）对于有学历，没有专业技术等级的员工，暂按视同对待：（1）高中、中专、中技毕业三年以上，或大专毕业一年以上的，视同员级或中级工；（2）本科毕业一年以上的,视同助理级或高级工。

第十三条 【纳入岗位资质工资档次若干问题的处理】

(一)纳入工资档次专业技术年限或技能年限,从取得相应的专业技术等级或技能等级的当年算起。

(二)纳入工资档次的本企业工龄从公司改制的当年算起,即从2005年算起。

(三)员工按照高一技术等级纳入的工资档次,低于按照低一技术等级纳入的工资档次的,按照就高等级纳入。

(四)按照学历和毕业年限视同专业技术等级的员工,其毕业年限,第一年按周年处理,满一周年后按虚年计算。

(五)实行"老人老办法",对"老人"给予一定的保护。"老人"为2005年参加改制的人员,"老人"在按照本方案纳入新工资标准后,每月岗位资质工资与岗位绩效工资之和低于2006年每月4项工资(岗位职务工资+年功工资+职称津贴+住房补贴)之和的,或者在2006年每月4项工资基础上每月增加工资不到50元的,一律增加到每月50元。

第三章 岗位绩效工资

第十四条 【岗位绩效工资等级】

岗位绩效工资等级序列见表1-10。

第十五条 【岗位绩效工资标准】

岗位绩效工资标准,实行一岗一薪制,即每个岗位等级只有一个工资标准。

岗位绩效工资标准见表1-11。

各等级月岗位资质工资和岗位绩效工资各自占岗位工资的比例见表1-9。

表1-9 各等级月岗位资质工资和岗位绩效工资各自占岗位工资的比例

岗位等级	岗位资质工资占岗位工资比例	岗位绩效工资占岗位工资比例	岗位资质工资+岗位绩效工资
一至二级	70%	30%	100%
三至五级	65%	35%	100%
六至八级	60%	40%	100%
九至十二级	55%	45%	100%
十三至十六级	50%	50%	100%

表 1-10　鑫薪建设有限公司岗位等级序列表

岗位等级	01 开发部	02 经营部	03 工程部	04 财务部	05 人保部	06 党群部
一					炊事员，话务员，警卫，卫生工	
二					通信管理员，食堂管理员	
三						
四			试验员	出纳，档案管理		
五	开发管理员	成本会计，物资管理员	计划统计员，设备管理员，工程维修管理员，贯标管理员，工程劳务管理员		消防干事，调配管理员，武装干事，后勤管理员	宣传干事，综合干事，组织干事
六	投标管理员	预算员		会计核算	干部管理员，工资管理员	
七			电气质检员，土建质检员，水暖质检员	成本管理		
八	开发主管		试验主管			
九		清欠副部长，预算主管	安全主管			
十			土建工程师，水暖工程师，电气工程师			纪检副部长，工会副部长
十一			贯标副部长	业务副部长，管理副部长	副部长	
十二		预算副部长	技术副部长			
十三						部长
十四	部长	部长		部长	部长	
十五			部长			
十六						

表 1-11 鑫薪建设有限公司岗位资质绩效工资标准表

工资等级	工资标准/元	级差/元	岗位资质工资档差/元	岗位资质工资标准档次												岗位绩效工资标准/元	绩效工资系数
				1	2	3	4	5	6	7	8	9	10	11	12		
一级	1 400	—	50	630	680	730	780	830	880	930	980	1 030	1 080	1 130	1 180	420	1
二级	1 500	100	55	665	720	775	830	885	940	995	1 050	1 105	1 160	1 215	1 270	450	1.07
三级	1 700	200	55	718	774	829	884	939	995	1 050	1 105	1 160	1 216	1 271	1 326	595	1.42
四级	1 900	200	60	815	875	935	995	1 055	1 115	1 175	1 235	1 295	1 355	1 415	1 475	665	1.58
五级	2 100	200	65	805	870	935	1 000	1 065	1 130	1 195	1 260	1 325	1 390	1 455	1 520	840	2.00
六级	2 400	300	70	950	1 020	1 090	1 160	1 230	1 300	1 370	1 440	1 510	1 580	1 650	1 720	960	2.29
七级	2 800	400	85	1 085	1 170	1 255	1 340	1 425	1 510	1 595	1 680	1 765	1 850	1 935	2 020	1 120	2.67
八级	3 000	200	90	1 170	1 260	1 350	1 440	1 530	1 620	1 710	1 800	1 890	1 980	2 070	2 160	1 200	2.86
九级	3 200	200	90	1 130	1 220	1 310	1 400	1 490	1 580	1 670	1 760	1 850	1 940	2 030	2 120	1 440	3.43
十级	3 400	200	95	1 205	1 300	1 395	1 490	1 585	1 680	1 775	1 870	1 965	2 060	2 155	2 250	1 530	3.64
十一级	3 900	500	110	1 375	1 485	1 595	1 705	1 815	1 925	2 035	2 145	2 255	2 365	2 475	2 585	1 755	4.18
十二级	4 100	200	115	1 450	1 565	1 680	1 795	1 910	2 025	2 140	2 255	2 370	2 485	2 600	2 715	1 845	4.39
十三级	4 300	200	110	1 380	1 490	1 600	1 710	1 820	1 930	2 040	2 150	2 260	2 370	2 480	2 590	2 150	5.12
十四级	4 600	300	115	1 495	1 610	1 725	1 840	1 955	2 070	2 185	2 300	2 415	2 530	2 645	2 760	2 300	5.48
十五级	5 200	600	130	1 690	1 820	1 950	2 080	2 210	2 340	2 470	2 600	2 730	2 860	2 990	3 120	2 600	6.19
十六级	6 000	800	150	1 950	2 100	2 250	2 400	2 550	2 700	2 850	3 000	3 150	3 300	3 450	3 600	3 000	7.14

注：本表中，月岗位工资标准=岗位资质工资标准（8档）+岗位绩效工资标准。

表 1-12 鑫薪建设有限公司岗位资质工资档次纳入表

岗位等级	专业技术/技能等级要求	任职人员实际具备专业技术/技能等级	专业技术或技能年限/工龄 4年以下/5年以下	专业技术或技能年限/工龄 5~8年/6~10年	专业技术或技能年限/工龄 9年及以上/11年及以上
一级 二级	初级工	普通工	3	4	5
		初级工及以下	4	5	6
		员级/中级工	5	6	7
		助理级/高级工	6	7	8
		中级/技师	8	9	10
三级 四级	员级,中级工	初级工及以下	3	4	5
		员级/中级工	4	5	6
		助理级/高级工	6	7	8
		中级/技师	8	9	10
五级 六级 七级 八级 九级	助理级,高级工	初级工及以下	2	3	4
		员级/中级工	3	4	5
		助理级/高级工	4	5	6
		中级/技师	6	7	8
		高级/高级技师	8	9	10
十至十六级	中级,技师	初级工及以下	1	2	3
		员级/中级工	2	3	4
		助理级/高级工	3	4	5
		中级/技师	5	6	7
		高级/高级技师	7	8	9
		正高级	8	9	10

（一）对于有学历无专业技术或技能等级的员工，按以下办法视同专业技术等级：

1. 中等学历毕业的，从第四年起视同员级专业技术等级；
2. 大专学历的，从毕业第二年起视同员级专业技术等级；
3. 本科毕业的，从毕业满一年起视同助理级专业技术等级；
4. 按低专业技术等级纳入的工资档次，低于按高一等级纳入的工资档次的，按就高档次确定。

（二）具有建造师认证的，在按本表纳入工资档次基础上，二级建造师高纳一档，一级建造师高纳两档。

三、任务评价

评价标准：本任务主要考查学生在了解薪酬体系基本类型的基础上，能对实践中各种具体薪酬体系特别是岗位型薪酬体系和岗位资质绩效薪酬体系有深入了解，能够读懂相应薪酬方案，把握管理制度的制度框架与设计要点。

任务六　熟悉薪酬专员（主管）岗位职责

一、任务目标

1. 知识目标：了解《企业人力资源管理师国家职业技能标准（2019年版）》（三级、四级）中薪酬管理模块的工作内容及相应的技能要求、相关知识要求。
2. 技能目标：能够编制企业薪酬专员（主管）岗位说明书。
3. 素质目标：准确认识企业薪酬专员（主管）的岗位职责，对照岗位要求，加强知识与技能储备，力求胜任岗位工作。

二、任务清单

熟悉鑫薪公司薪酬专员岗位职责

任务描述	经过一段时间的跟岗培训，你大体上对薪酬专员的工作有了一些感性认识。为了更为准确地了解鑫薪公司人力资源部薪酬专员岗位，以更好地胜任岗位工作，你向薪酬主管萧晓表示，想看一看该岗位说明书。 萧晓将岗位说明书拿给你（附后），并告知公司现有岗位职责标准说明书还是2016年的版本，现在很多岗位工作内容都发生了变化，公司即将开启新一轮岗位盘点，届时将修改完善现有各个岗位的岗位说明书。正好你可以趁此熟悉岗位职责的机会，优化薪酬专员岗位职责标准说明书。

续表

任务实施	1. 请你首先查阅《企业人力资源管理师国家职业技能标准（2019年版）》（三级、四级），熟悉其中薪酬管理模块的工作内容及相应的技能要求、相关知识要求。 2. 对照《企业人力资源管理师国家职业技能标准（2019年版）》（四级），优化现有的薪酬专员岗位说明书。

附件1-3：

薪酬专员岗位说明书

岗位名称	薪酬专员	所属部门	人力资源部	文件编号	鑫薪人字〔2016〕1号
文件名称	薪酬专员岗位说明书			版本	2016年版
				页数	2
直接上级	人力资源部经理		直接下级		无
岗位核心价值	根据人力资源规划和目标，协助部门经理建立、完善与执行公司薪酬与福利体系，对工资进行审核与及时发放				

续表

工作职责	工作时间
1. 根据公司各阶段发展目标与重点，协助部门经理完成公司薪酬福利体系 2. 根据公司发展战略，参与制定公司薪酬福利政策，完善公司的工资体系，并监督运行，提高公司工资合理度 3. 负责定期收集市场薪酬信息和水平，结合公司经营状况，合理调整薪酬实施办法，确保薪酬制度的合理性、竞争性和公平性 4. 负责管理员工考勤与休假，每月抽查考勤情况，办理请（销）假手续 5. 负责根据考勤情况，审核加班费报表，复核公司工资表 6. 负责为员工办理社会保险统筹手续并处理工伤索赔事宜 7. 根据国家及地方有关政策，协助领导建立统一的劳动保障体系，并制定相关的规章制度 8. 协助有关部门和领导处理及解决公司劳动纠纷和其他相关问题 9. 负责依据上级政府部门的要求，办理劳动年检 10. 负责劳动合同的签订和变更 11. 完成上级临时交代的其他工作	8 小时 / 天
任职资格要求	

准入学历	本科及以上学历
专业	人力资源、企业管理或相关专业
经验	2 年以上薪酬管理工作经验，具有薪酬绩效的实际操作经验
知识技能	1. 熟悉国家劳动人事政策法规 2. 熟悉与薪酬相关的法律法规的最终目的是改善员工的工作表现，以达到企业的经营目标，并提高员工的满意程度和未来的成就感 3. 熟悉薪酬管理流程 4. 具有优秀的书面、口头表达能力、极强的亲和力与服务意识，沟通领悟能力强 5. 能熟练操作办公软件

续表

个人素养	1. 较好的分析及判断能力，良好的沟通协调能力
	2. 责任心强，原则性强
	3. 沉稳、敬业、细致、耐心
岗位 KPI	
1. 考勤审核及工资发放的准确率	
2. 薪酬管理制度的有效率和执行率	
3. 工资发放的及时率	
4. 处理工伤索赔事宜的及时性及成功率	
5. 社会保险增减的准确性及及时性	
6. 定期调研周边企业薪酬信息完成率	
7. 劳动纠纷处理及时及有效率	
8. 部门临时性分配任务的完成率	
工作协作关系	
内部沟通对象	公司各部门
外部沟通对象	社会保险事业管理中心、医疗保险事务管理中心、公积金管理中心、人才中心等

三、任务评价

评价标准：本任务主要考查学生熟悉薪酬专员（主管）岗位职责和工作内容，能准确编制薪酬专员岗位说明书。

项目二
薪资计发

一、情境导入

经过半年学习及培训，你对薪酬的概念区分、常见的薪酬管理制度、本公司实施的薪酬管理制度等都有了比较深入的了解，并且在新员工培训考评中取得较高成绩。试用期结束后，你将正式任职公司"薪酬专员"岗，前期由薪酬主管指导开展具体事务性工作，逐渐全面独立负责公司薪酬计发工作。

本月开始，你将全面开展公司的薪酬计发工作，内心一方面充满对正式工作的向往和憧憬，另一方面也觉得"简单"的工资计算工作应该难不倒自己。但万万没想到，一项看似"简单重复"的工作原来并不简单，要考虑诸多因素，任重而道远。

二、项目概况

本项目以日常工资计发时可能出现的多种情形为实训背景，学生通过完成实训任务，进一步熟悉工资支付的各项规定、加班加点工资发放规定及计算方法、各种特殊情况下工资扣款规定、固定工资与浮动工资发放方法、五险一金以及个人所得税代扣代缴计算方法等。

任务一　熟悉工资支付的一般规定

一、任务目标

1. 知识目标：熟悉与工资计发相关的各项法律法规条例。
2. 技能目标：能够识别各类薪酬。
3. 素质目标：认识工资计发相关规定的重要性，能够合理合法维护自身权益，为企业规避薪酬支付风险。

二、任务清单

（一）鑫薪公司第四季度工资发放情况

任务描述	你所在的鑫薪公司由于客观经济原因，去年销售收入较上一年度有较大幅度下降，经济效益下滑，公司无法实现盈利，勉强维持前三个季度生存，第四季度仍未迎来转机，支付员工工资较为困难。公司跟员工的合同约定工资发放时间为每月5日。但从9月起，每月发放工资均出现不同程度延期，9月延期5天，尚能足额发放；10月以国庆节假期为由，延期发放10天，且所有人均以2 000元购物卡冲抵等额工资；11月以库存的蛋糕卡、电影卡等消费卡冲抵等额工资；12月则将库存服饰发放给员工，并按成本价抵扣工资。 这段时间，员工对关于工资发放不合规的方面意见较多，满意度较低。随着本年度经济好转，后续工资将逐渐恢复正常发放，借此机会，上级主管要求你全面熟悉工资支付的各项规定，并择机召开专项培训会议，向员工普及工资支付规定的基本知识，同时也为员工做好解释和安抚工作，并向员工承诺后续将按规定发放，重新获取员工信任，提高薪酬满意度。
任务实施	1. 请你首先查阅《工资支付暂行规定》《北京市工资支付条例》等规定，整理、总结与员工关系较为直接、密切的规定，为培训会议做好内容准备。 2. 请你根据资料查阅及总结情况，指出鑫薪公司上述做法有哪些违反相关规定的情况，并提出你的改进建议。 3. 拓展思考：如果公司未来再次出现上述情况，你会如何处理？

（二）本地最低工资标准查阅

任务描述	本公司2022年9月新入职1名员工，公司与其商定的工资标准为5 000元/月，试用期2个月，现需确定其试用期工资。
任务实施	1. 根据配套教材内容，结合《工资支付暂行规定》《北京市工资支付条例》等规定，请你说明员工试用期内工资支付的规定。 2. 通过查询相关文件，写出你所在地区目前实行的最低工资标准，包括月度最低工资标准和非全日制小时最低工资标准。 3. 作为薪酬专员，请结合试用期工资支付规定，为该员工试用期工资的确定给出你的专业建议。

（三）停工停产期内工资支付

任务描述	自2020年初暴发新冠肺炎疫情以来，早教行业一夜之间遭遇寒冬，所有机构在春节后均停止复课，等待有关部门通知。鑫薪公司下属的美术早教子公司也同样面临停课待命的情况。原计划在2020年2月19日复工，但由于疫情影响，根据相关部门要求延迟复课。根据北京市疫情防控成果，6月初北京市宣布小学低年级将复课，线下培训机构可随后开课。但之后北京市突发新一轮疫情，复课时间再次推迟。经过严密防控，中小学于2020年9月如期开学，线下培训机构于9月15日后在符合防疫条件下有序复课。至此，该培训机构停工停产近7个月。李老师作为行政管理人员，疫情期间未被安排任何工作；张老师为培训讲师，前期未被安排任何工作，5月1日后，美术早教子公司开设线上课程，与张老师重新约定教授线上课的工作内容。 在此期间，机构人事专员对于如何为机构教师发放工资拿不定主意。员工认为停课是不可抗力，不是由员工造成的，故不应由员工承担；机构领导则认为停课期间教师基本没有劳动付出，且停课造成资金链紧张，难以按原标准持续发放工资。领导要求机构人事专员向公司总部的薪酬专员咨询专业的处理方法。
任务实施	1. 作为薪酬专员，请你结合《工资支付暂行规定》《北京市工资支付条例》等规定，向美术早教子公司的同事讲解停工停产期间工资支付的相关规定。 2. 请你指导美术早教子公司同事，明确从2月19日到9月15日期间，分别应向李老师和张老师支付多少工资？

（四）经济补偿金与经济赔偿金

任务描述	鑫薪公司因业务转型需要，经高层决定将逐渐缩减某部门业务内容，最终取消该部门。为保证业务有序过渡，最终商定方案为裁员与转岗相结合，部门现有员工5人，需裁员3人，由部门经理根据业务开展要求、员工个人能力以及成本控制要求等综合考虑被裁人员。 部门经理经过综合考量，决定裁掉的3人分别为：小张，2021年5月1日新入职，月薪为8 000元；李工，2012年2月1日入职，目前职级为主管级，月薪2.5万元，上年度年终奖2万元；老高，2015年7月1日入职，目前职级为专员，月薪1.2万元，上年度年终奖1万元。2021年8月1日，部门经理和人力资源部经理与三人进行充分沟通协商，三人同意裁员决定，要求公司按规定支付相应经济补偿金并给予30天缓冲期，于9月1日正式办理离职。

续表

任务实施	1. 作为公司薪酬专员，请你结合《工资支付暂行规定》《北京市工资支付条例》等规定，计算该部门辞退的三位员工分别应给予多少经济补偿金。 2. 如果你是部门经理，在这三个人当中你最先考虑裁员哪位员工？为什么？

三、任务评价

评价标准：本任务主要针对学生对工资支付一般规定的了解及运用，评价标准主要为学生对相关规定的查找、理解是否准确，以及运用规定进行简单计算是否准确。

任务二　计算加班加点工资

一、任务目标

1. 知识目标：熟悉加班加点工资的规定。
2. 技能目标：能够根据已知考勤数据计算员工加班加点工资。
3. 素质目标：充分体会企业认定加班加点的条件，能够在工作中对无效加班提出质疑，为企业节约成本。

二、任务清单

（一）总结标准工时制度下加班加点工资计算公式

任务描述	长期以来，鑫薪公司对于加班加点工资支付的工作并不明确，一方面本身加班加点情况较少，另一方面对加班加点的界定也比较模糊。随着公司业务增加，员工的工作强度逐渐提高，加班加点情况时有发生，员工对薪酬增加的渴望也越来越强。 　　公司领导层认为可先完善加班加点及相应的薪酬支付制度，对部分承担工作任务重的员工能够快速兑现部分激励，后续再深入进行全面系统的薪酬设计。 　　同时，领导还要求人力资源部及薪酬专员对加班加点的认定要做好充分的前期准备工作和制度建设，杜绝无效加班、低效加班和单纯耗时间的加班，防止对员工造成错误引导。
任务实施	1. 你作为公司薪酬专员，请查阅相关规定，说明加班加点的概念和条件。 　　2. 深入体会加班加点的概念，并就何种情况可以认定为加班加点给出你的理解或解释。 　　3. 根据查阅内容，总结归纳在标准工时制下，单位时间内的工资标准如何计算。 　　4. 结合上一步内容，进一步总结在标准工时制下，不同情况下的加班加点工资如何计算，并列出计算公式。

（二）标准工时下加班加点工资计算

任务描述	鑫薪公司开始推行加班加点工资支付的规定，仅对由部门经理明确要求的需在标准工时以外的时间段在公司工作的情况给予加班加点认定，加班加点工资按季度结算。 　　公司小张月标准工资 21 750 元，2022 年 8 月 15 日临下班时被领导安排紧急工作，加点 2 小时；另于 8 月 22 日、23 日分别加点 3 小时；2022 年 9 月 17 日全天加班，9 月 18 日 8 点至 12 点加班，未安排调休。 　　10 月，小张月标准工资涨为 35 000 元，因所负责的项目紧急要求，2022 年 10 月 1 日—10 月 7 日全部在公司加班，10 月 8 日延长工作 3 小时，10 月 15 日加班。项目完成后，公司于 10 月 19 日安排补休 1 天。
任务实施	1. 作为薪酬专员，请你计算小张 8 月和 9 月的加班加点工资。 2. 作为薪酬专员，请你计算小张 10 月的加班加点工资。

（三）综合计算工时制下加班加点工资计算

任务描述	鑫薪公司随着业务拓展，进一步开拓旅游船运业，该部分业务涉及海上邮轮游、离岸陆地游、海上客运及货运等业务，公司拟成立独立的事业部。该事业部内部人员主要包括导游、船员、销售以及职能服务人员。由于旅游船运业务具有明显的淡旺季，工作时间不符合一般意义上的标准工时制，应该单独执行一套工时制度及相应的工资计算方法。

项目二 薪资计发 | 39

续表

| 任务实施 | 1. 作为薪酬专员，请结合相关规定，向公司领导说明综合计算工时制的概念以及适用条件。

2. 你认为公司该事业部是否具备申请综合计算工时制的条件？按照规定，哪些类别的员工符合申请条件？

3. 根据规定，总结归纳综合计算工时制下加班加点工资的计算公式，并分析总结其与标准工时制下加班加点工资计算的区别。

4. 若该事业部导游和船员成功申请为综合计算工时制，假设导游计薪周期为一年，导游小张月工资标准为 8 500 元，上一年度全年工作时间为 2 298 小时，其中 10 月 2 日和 3 日加班两天，共计 16 小时；船员计薪周期为半年，船员小李月工资标准为 12 000 元，去年下半年工作时间为 1 108 小时，其中法定节假日加班 8 小时，分别计算小张上一年度全年应发的加班加点工资和小李下半年加班加点工资。 |

（四）不定时工时制下加班加点工资

任务描述	鑫薪公司针对市场部的员工，实行不定时工时制（弹性工作制）管理。在公司推行加班加点工资支付过程中，销售专员提出自己也偶有加班情况，比如在休息日与客户谈业务等情况，是否也可申请加班费。
任务实施	1. 作为薪酬专员，请你向员工阐述不定时工时制（弹性工作制）的含义及其特点。说明针对该种工时制的加班加点工资的计算方法。 2. 拓展思考：你是否认可销售专员的工作不计入加班？为什么？

三、任务评价

评价标准：本任务主要为加班加点下工资计算的规定在实际加班加点情况中的运用，评价标准主要为加班加点下工资计算的准确性。

任务三　特殊情况下的工资支付

一、任务目标

1. 知识目标：熟悉各种缺勤情况下工资扣款的规定。
2. 技能目标：能够根据已知考勤数据计算员工缺勤扣款。
3. 素质目标：能够根据员工实际情况判定其缺勤原因，切实保障员工利益。

二、任务清单

(一)不同类型缺勤情况下的工资支付

任务描述	某日，鑫薪公司员工王某认为其去年部分月度工资发放与自己预期不一致，故申请查询去年的工资明细。经查询，王某上一年度各月出勤情况如下（王某于2012年7月1日大学毕业后入职鑫薪公司）： 1. 3月，因突发急性肠胃炎请病假2天； 2. 4月，休年休假4天； 3. 6月，王某父亲去世，休丧假2天； 4. 8月，休假10天，其中剩余年假用完后休事假； 5. 9月，大规模核酸筛查，缺勤1天； 6. 12月，按要求接种两针新冠疫苗，缺勤2天。 通过对比出勤数据和各月工资，王某认为其工资与出勤不对应，有的月份缺勤天数多，反而比缺勤天数少的月份工资高。因此，王某向你寻求合理的解释。
任务实施	1. 作为薪酬专员，请你向王某解释各类特殊情况下工资支付的规定。 2. 请你进一步总结在所有的请假类型中，哪些假是按照正常出勤对待的，哪些假是要扣工资的。

续表

任务实施	3. 根据王某上一年度的出勤情况，向其说明每一次缺勤是否要扣工资。如果扣，扣多少？

（二）女职工怀孕及生产休假期间工资支付规定

任务描述	李某 2017 年 7 月 1 日毕业后进入鑫薪公司就职，于 2021 年 9 月怀孕。自怀孕后，分别于 10 月休产检假 1 天，保胎假 5 天；11 月休产检假 2 天，保胎假 5 天；12 月至次年 2 月每月休产检假 1 天；3 月、4 月各休产检假 2 天；自 5 月 1 日起，由于身体原因申请休保胎假，直至 6 月 15 日剖腹产双胞胎，自此开始按规定休产假。 在生产前，李某找你确认产假结束的具体日期，同时逐一核实怀孕期间各月工资发放及扣减情况，李某认为怀孕期间的休假都应当正常支付工资。
任务实施	1. 作为公司薪酬专员，请你结合《工资支付暂行规定》《北京市工资支付条例》等规定，分析李某在怀孕期间的缺勤中，哪些情况下视同出勤，应正常支付其工资。 2. 李某在怀孕期间的缺勤中，哪些情况需扣工资？应如何扣工资？

续表

任务实施	3. 请帮李某计算其产假天数，确定其休假结束复工时间。

（三）生育津贴计算

任务描述	鑫薪公司某二级公司员工工资情况及本年度三位女员工生产情况见表2-1。 **表2-1 鑫薪公司员工工资及缴费基数明细表** | 员工	职位	月薪标准/元	缴费基数/元	备注
A	副总经理	35 000	33 000	
B	X部部长	28 000	28 000	
C	Y部部长	25 000	24 500	剖腹产
D	X部主管	18 000	15 000	
E	X部专员1	12 000	11 000	顺产
F	X部专员2	10 500	10 000	
G	X部专员3	9 800	9 500	
H	Y部专员1	12 350	10 000	
I	Y部专员2	10 000	8 000	顺产
J	Y部助理	6 500	6 000		
---	---
任务实施	1. 计算C、E、I三位女员工的产假天数及相应生育津贴。

续表

任务实施	2. 进一步计算三位员工的生育津贴中分别由社会保险基金和公司支付的金额。

三、任务评价

评价标准：本任务主要为学生是否掌握在各种特殊情况的缺勤下如何支付工资的理解，评价标准主要为工资支付判断是否准确，所支付工资计算是否正确。

任务四　计算固定应发工资

一、任务目标

1. 知识目标：熟悉基于考勤的工资计算方法。
2. 技能目标：能够根据已知考勤数据计算员工工资。
3. 素质目标：能够根据员工实际情况判定其考勤结果，切实保障员工利益。

二、任务清单

（一）基于出勤情况的计时工资计算

任务描述	2022年10月末，你作为鑫薪公司薪酬专员，即将开展本月度工资计发工作。表2-2所示为公司部分员工月度考勤情况，小张工龄9年，企龄4年；老李工龄15年，企龄9年。

续表

任务描述	表 2-2 鑫薪公司部分员工月度考勤情况				
	员工	工资标准/元	工龄/年	企龄/年	10月考勤
	小张	21 750	9	4	病假1天，事假半天
	小王	21 750	8	5	病假3天，年休假3天
	小赵	25 000	9	7	病假1天，周末加班2天，调休1天
	老李	35 000	15	9	10月2日加班半天，周末加班2天，病假1天，调休1天

任务实施

1. 作为薪酬专员，请你总结计时工资的正算法和扣除法的计算方法。

2. 请用正算法计算小张10月应发工资。

3. 请用扣除法计算小王10月应发工资。

续表

任务实施	4. 请根据小赵的出勤情况，分别用正算法和扣除法计算其 10 月工资，比较差别并尝试找出原因。 5. 请分析老李 10 月的出勤，如果你是部门经理，你会对其考勤数据做怎样的调整；根据你调整后的考勤和加班加点情况，计算老李 10 月的应发工资。

（二）计件工资计算

任务描述	鑫薪公司生产部门操作工采用计件工资计算方式，经劳动定额测算，5 级车工的月工资标准为 12 000 元，相应产量定额为 2 000 件；4 级钳工的月工资标准为 8 000 元，相应产量定额为 1 600 件。 至本月底，经统计及检测，本车间工人的产量和合格率见表 2-3。 **表 2-3　生产部门车间工人产量和合格率** | 员工	岗位	产量/件	合格率
甲	5 级车工	2 200	98%
乙	5 级车工	2 080	100%
丙	5 级车工	1 890	99%
丁	4 级钳工	1 750	95%
戊	4 级钳工	1 620	100%	

续表

任务实施	1. 作为薪酬专员，请结合计件工资计算公式，说明产量定额和工时定额的含义以及两者之间的关系。 2. 鑫薪公司规定按照最终合格的产品数量支付计件工资，请你计算这 5 名员工本月的计件工资。 3. 拓展思考：如何避免员工为了获取高计件工资而牺牲产品质量、提高产量的现象？

三、任务评价

评价标准：本任务主要考查固定应发工资的计算，包括缺勤扣款和加班加点工资以及计件工资，评价标准主要为计算结果的准确性。

任务五　计算浮动应发工资

一、任务目标

1. 知识目标：熟悉绩效考核的原则和方法。
2. 技能目标：能够根据考核结果，运用不同方法计算员工绩效工资。
3. 素质目标：能够公平公正地对待考核结果并体现在工资计算上。

二、任务清单

基于绩效考核的浮动工资计算

任务描述	鑫薪公司绩效工资核算办法 1. 销售部门绩效工资核算 　　本公司针对销售部门的部门月度绩效工资总额核定办法采用提成制，按照实际销售额和既定销售目标的比例关系确定其部门绩效工资总额，计算方法为： 　　部门绩效工资提成 = 销售完成额 × 提成比例 ×（部门考核分数/100） 　　其中，提成比例规定见表2-4。 表 2-4　鑫薪公司销售部门提成比例规定 | 销售完成额与既定销售目标的比例	对应提成比例
高于110%	11%
101% ~ 110%	10.5%
95% ~ 100%	10%
90% ~ 94%	9%
85% ~ 89%	8%
80% ~ 84%	7%
70% ~ 79%	5%
低于70%	无	

续表

任务描述	部门内销售人员的月度绩效工资的分配办法为按照每人的月度绩效系数分配，计算方法为： 员工月度绩效系数 = 标准工资系数 × 销售额完成率 ×（个人考核得分/100） 员工月度应发绩效工资 = 部门绩效工资总额 ×（员工月度绩效系数/该部门员工总月度绩效系数） 2. 职能管理部门绩效工资核算 职能管理部门直接核算员工个人的绩效工资，计算办法为： 员工应发绩效工资 = 月工资标准 × 20% × 绩效系数 其中，绩效系数与考核分数转换关系见表2-5。 表2-5 绩效系数与考核分数转换关系 | 绩效考核分数	100分及以上	95～99分	90～94分	85～89分	80～84分	71～79分	70分及以下
对应绩效系数	1.2	1.05	1	0.9	0.8	0.7	0.6	
任务实施	1. 如果你是部门经理，你觉得由你考核本部门的员工合理还是由公司统一考核更合理？ 2. 假设你作为销售部的部门经理，你认为二级考核是否合理？你认为由你们部门考核相对于人力资源部来说，考核更容易还是更难？为什么？

续表

| 任务实施 | 3. 鑫薪公司销售一部本月销售目标为100万元，实际完成额为98万元；销售二部本月销售目标为80万元，实际完成额为73万元。部门考核分数均为98分。请你计算这两个部门本月各自的绩效工资总额。

4. 销售一部员工本月度绩效考核数据见表2-6。

表2-6　销售一部员工考核数据
<table><tr><th>员工</th><th>岗位</th><th>工资系数</th><th>销售额完成率</th><th>个人考核得分/分</th></tr><tr><td>A</td><td>大区主管1</td><td>4.33</td><td>100%</td><td>98</td></tr><tr><td>B</td><td>大区主管2</td><td>4</td><td>95%</td><td>100</td></tr><tr><td>C</td><td>大区主管3</td><td>4.1</td><td>98%</td><td>100</td></tr><tr><td>D</td><td>高级销售1</td><td>2.87</td><td>110%</td><td>100</td></tr><tr><td>E</td><td>高级销售2</td><td>2.45</td><td>100%</td><td>92</td></tr><tr><td>F</td><td>高级销售3</td><td>2.3</td><td>88%</td><td>87</td></tr><tr><td>G</td><td>销售专员1</td><td>1.35</td><td>95%</td><td>100</td></tr><tr><td>H</td><td>销售专员2</td><td>1.2</td><td>98%</td><td>95</td></tr><tr><td>I</td><td>销售专员3</td><td>1</td><td>92%</td><td>95</td></tr><tr><td>J</td><td>销售专员4</td><td>1</td><td>85%</td><td>90</td></tr></table> |

续表

	请你计算 A、D、G、J 四位员工月度应发绩效工资。
任务实施	5. 人力资源部员工工资信息和本月考核数据见表 2-7。 表 2-7 人力资源部员工工资信息和本月考核数据 | 员工	岗位	月工资标准 / 元	个人考核得分 / 分
---	---	---	---
A	绩效薪酬主管	28 000	98
B	招聘培训主管	25 000	102
C	员工关系主管	25 000	100
D	绩效专员	18 000	100
E	薪酬专员	16 500	92
F	培训专员	16 000	87
G	招聘专员 1	13 500	100
H	招聘专员 2	12 800	95
I	社保专员	10 000	95
J	人事管理专员	8 000	90	 请你计算人力资源部所有员工本月应发绩效工资数额。

三、任务评价

评价标准：本任务主要考查学生对基于考核结果的浮动应发工资的计算，包括部门绩效工资总额核算及员工个人绩效工资核算，考查学生对不同绩效考核办法下绩效工资核算的方法，评价标准为计算结果的准确性。

任务六　计算五险一金代扣代缴

一、任务目标

1. 知识目标：熟悉五险一金代扣代缴规定。
2. 技能目标：能够根据员工的工资情况按照相关政策计算其需缴纳的五险一金。
3. 素质目标：能够准确地核定员工的社会保险扣缴基数，并严格按照国家和地方规定合法代扣代缴，为企业避免相关纠纷。

二、任务清单

五险一金的代扣代缴

任务描述	鑫薪公司为非机关事业单位，员工均为城镇户口，表2-8是公司员工现有工资标准和上一年度总工资收入。	
	表2-8　鑫薪公司员工工资信息	
	员工姓名	现有月度工资/元	上一年度总工资收入/元
	A	45 000	500 000
	B	40 500	420 000
	C	26 500	318 000
	D	18 000	180 000
	E	8 000	90 000
	F	5 000	60 000
	G	3 500	38 400

续表

任务实施	1. 请你查询当地目前执行的五险一金缴费基数的上下限和相应的缴费比例,并填写表2-9。
	表2-9　本地区最新社会保险缴费基数上下限及扣缴比例

险种		缴费基数上下限/元		缴费比例/%	
		下限	上限	单位	个人
养老	机关事业单位				
	非机关事业单位				
失业					
工伤					
医疗					
生育					
公积金					

2. 你如何理解社会保险扣缴基数上下限？为什么要设上下限？试想如果不设置基数上下限所产生的后果。

3. 通过查询资料，了解当地每年调社会保险基数的时间，如果鑫薪公司有人1月1日起加薪，其五险一金在什么时候才会有所调整？

续表

任务实施	4. 根据第 1 项任务的查询结果，确定鑫薪公司员工的缴费基数，简要说明你是如何确定的，并填写表 2-10。 表 2-10　鑫薪公司员工工资信息及社会保险缴费基数确定 | 员工姓名	现有月度工资/元	上一年度总工资收入/元	五险一金缴费基数/元					
			养老	失业	工伤	医疗	生育	住房公积金
A	45 000	500 000						
B	405 000	420 000						
C	26 500	318 000						
D	18 000	180 000						
E	8 000	90 000						
F	5 000	60 000						
G	3 500	38 400						| 5. 进一步计算 A、B、F、G 四位员工的个人代扣代缴金额，并写出简要计算过程。

三、任务评价

评价标准：本任务主要考查学生对当地社会保险缴费政策的理解，对社会保险缴费基数的含义以及确定方法的理解和运用，评价标准为基数确定、社会保险扣缴计算的准确性。

任务七　计算个人所得税扣缴

一、任务目标

1. 知识目标：熟悉个人所得税扣缴的规定、政策和计算方法。
2. 技能目标：能够根据员工的工资情况，按照相关政策计算其需缴纳的个人所得税。
3. 素质目标：能够准确地核定员工的个人所得税，帮助公司和员工在政策范围内合理避税，积极向员工传递依法纳税的意识。

二、任务清单

（一）个人所得税扣缴政策及规定解读

任务描述	1.《中华人民共和国个人所得税法》节选。 "第六条　应纳税所得额的计算： "（一）居民个人的综合所得，以每一纳税年度的收入额减除费用六万元以及专项扣除、专项附加扣除和依法确定的其他扣除后的余额，为应纳税所得额。 "（二）非居民个人的工资、薪金所得，以每月收入额减除费用五千元后的余额为应纳税所得额；劳务报酬所得、稿酬所得、特许权使用费所得，以每次收入额为应纳税所得额。 "（三）经营所得，以每一纳税年度的收入总额减除成本、费用以及损失后的余额，为应纳税所得额。 "（四）财产租赁所得，每次收入不超过四千元的，减除费用八百元；四千元以上的，减除百分之二十的费用，其余额为应纳税所得额。 "（五）财产转让所得，以转让财产的收入额减除财产原值和合理费用后的余额，为应纳税所得额。 "（六）利息、股息、红利所得和偶然所得，以每次收入额为应纳税所得额。 "劳务报酬所得、稿酬所得、特许权使用费所得以收入减除百分之二十的费用后的余额为收入额。稿酬所得的收入额减按百分之七十计算。 "个人将其所得对教育、扶贫、济困等公益慈善事业进行捐赠，捐赠额未超过纳税人申报的应纳税所得额百分之三十的部分，可以从其应纳税所得额中扣除；国务院规定对公益慈善事业捐赠实行全额税前扣除的，从其规定。

续表

任务描述	"本条第一款第一项规定的专项扣除，包括居民个人按照国家规定的范围和标准缴纳的基本养老保险、基本医疗保险、失业保险等社会保险费和住房公积金等；专项附加扣除，包括子女教育、继续教育、大病医疗、住房贷款利息或者住房租金、赡养老人等支出，具体范围、标准和实施步骤由国务院确定，并报全国人民代表大会常务委员会备案。" 2.《中华人民共和国个人所得税法实施条例》节选。 "第六条　个人所得税法规定的各项个人所得的范围： "（一）工资、薪金所得，是指个人因任职或者受雇取得的工资、薪金、奖金、年终加薪、劳动分红、津贴、补贴以及与任职或者受雇有关的其他所得。 "（二）劳务报酬所得，是指个人从事劳务取得的所得，包括从事设计、装潢、安装、制图、化验、测试、医疗、法律、会计、咨询、讲学、翻译、审稿、书画、雕刻、影视、录音、录像、演出、表演、广告、展览、技术服务、介绍服务、经纪服务、代办服务以及其他劳务取得的所得。 "（三）稿酬所得，是指个人因其作品以图书、报刊等形式出版、发表而取得的所得。 "（四）特许权使用费所得，是指个人提供专利权、商标权、著作权、非专利技术以及其他特许权的使用权取得的所得；提供著作权的使用权取得的所得，不包括稿酬所得。 "（五）经营所得，是指： "1. 个体工商户从事生产、经营活动取得的所得，个人独资企业投资人、合伙企业的个人合伙人来源于境内注册的个人独资企业、合伙企业生产、经营的所得； "2. 个人依法从事办学、医疗、咨询以及其他有偿服务活动取得的所得； "3. 个人对企业、事业单位承包经营、承租经营以及转包、转租取得的所得； "4. 个人从事其他生产、经营活动取得的所得。 "（六）利息、股息、红利所得，是指个人拥有债权、股权等而取得的利息、股息、红利所得。 "（七）财产租赁所得，是指个人出租不动产、机器设备、车船以及其他财产取得的所得。 "（八）财产转让所得，是指个人转让有价证券、股权、合伙企业中的财产份额、不动产、机器设备、车船以及其他财产取得的所得。 "（九）偶然所得，是指个人得奖、中奖、中彩以及其他偶然性质的所得。 "个人取得的所得，难以界定应纳税所得项目的，由国务院税务主管部门确定。"

续表

任务描述	3. 适用于年度综合所得的个人所得税累进税率表（见表 2-11）。 表 2-11　个人所得税累进税率表 | 级数	全年应纳税所得额	税率 /%	速算扣除数 / 元
---	---	---	---
1	不超过 36 000 元的	3	0
2	超过 36 000 元至 144 000 元的	10	2 520
3	超过 144 000 元至 300 000 元的	20	16 920
4	超过 300 000 元至 420 000 元的	25	31 920
5	超过 420 000 元至 660 000 元的	30	52 920
6	超过 660 000 元至 960 000 元的	35	85 920
7	超过 960 000 元的	45	181 920	
任务实施	1. 查阅《中华人民共和国个人所得税法》及《中华人民共和国个人所得税法实施条例》，结合历史上的税赋案例，体会自古以来国家及政府征税的目的和意义。 2. 你认为哪些人应该纳税？哪些人应该多缴税？

续表

任务 实施	3. 通过对任务描述中罗列的相关法律法规的解读,你认为自己大学毕业进入职场初期,是否需要缴纳个人所得税? 4. 查询以往的个人所得税相关法律,查看个人所得税起征点的变化,体会提高个人所得税起征点对社会和个人的意义。 5. 根据政策法规,总结个人工资薪酬所得税的计算公式。

(二)1月份个人工资薪金所得税计算

任务描述	表2-12是鑫薪公司员工一季度应发工资和上一年度总工资收入。

表2-12　鑫薪公司员工工资信息

员工姓名	上一年度总工资收入/元	1月应发工资/元	2月应发工资/元	3月应发工资/元	3月发一季度奖金/元
A	500 000	45 000	42 000	42 000	30 000
B	420 000	40 500	42 500	42 600	28 000
C	318 000	26 500	28 000	27 500	25 000
D	180 000	18 000	17 000	19 000	20 000
E	90 000	8 000	8 500	7 000	10 000
F	60 000	5 000	5 500	5 000	5 000
G	38 400	3 500	3 200	3 500	4 000

任务实施

1. 将上一任务计算的五险一金求和写入专项扣除列,根据个人所得税计算方法,计算所有员工1月应纳税额,简要写出计算过程,完成表2-13。

表2-13　鑫薪公司员工工资信息

员工姓名	1月应发工资/元	专项扣除/元	专项附加扣除/元	应纳税所得额/元	1月应纳税额/元
A	45 000		4 000		
B	40 500		4 000		
C	26 500		3 000		
D	18 000		1 500		
E	8 000		2 000		
F	5 000		1 000		
G	3 500		1 000		

续表

| 任务实施 | 2. 结合已知条件，计算 A、E、G 三名员工 2 月应纳税额，并最终计算该三名员工最终的实发工资，写出计算过程，完成表 2-14。

表 2-14　A 公司员工工资信息

员工姓名	本月应纳税所得额/元	累计应纳税所得额/元	累计应纳税额/元	本月应纳税额/元	实发工资/元
A					
E					
G					

3. 3 月不仅有工资收入，还有一笔奖金收入，计算 A 和 E 两名员工 3 月应纳税额，写出计算过程。 |

三、任务评价

评价标准：本任务主要考查学生对个人所得税扣缴办法的理解是否清晰、透彻，并能够运用计算办法准确为员工计算个人所得税，评价标准为应纳税所得额和应纳税额计算的准确性。

项目三
岗位评价

一、情境导入

你在薪酬专员的岗位上工作日渐熟练，能够妥善处理月度工资计发中发生的各种问题，领导对你的工作能力非常认可。同时，鑫薪公司随着业务的不断拓展和公司的不断扩大，公司内部岗位设置日渐增加，公司现有的薪酬体系难以匹配公司发展需要。员工对薪酬体系的意见较多，主要包括相类似岗位上的员工由于进入公司的时间不同，薪酬差距较大；岗位划分不够明确，很多人业务内容差别较大，但岗位都是笼统的称呼，进而薪酬水平差距不大等。基于此，公司决定聘请第三方咨询机构协助公司开展全面的岗位评价工作，为后续薪酬改革奠定基础。

人力资源部需全程配合第三方咨询机构开展工作。你作为薪酬专员，部门经理要求你作为主要联系人全程跟进并配合，系统熟悉岗位评价的方法和流程，为接手后续工作奠定基础。

二、项目概况

本项目以实施岗位评价为实训背景，学生通过完成实训任务，了解常见的岗位评价方法，重点掌握因素计点法的实施，包括构建评价模型、实施评价及评价数据处理等，能够通过实训，最终科学客观地确定公司岗位等级序列，为下一步进行薪酬测算奠定重要基础。

三、任务资料

鑫薪公司岗位清单见表3-1。

表 3-1　鑫薪公司岗位清单

序号	部门	岗位	序号	部门	岗位
1	财务部	财务部部长	18	总经理办公室	主任
2	财务部	会计	19	总经理办公室	主任助理
3	财务部	出纳	20	信息管理部	信息管理部部长
4	人力资源部	人力资源部部长	21	信息管理部	信息工程师
5	人力资源部	招聘培训主管	22	市场营销部	市场营销部部长
6	人力资源部	绩效薪酬主管	23	市场营销部	销售大区总监
7	人力资源部	绩效专员	24	市场营销部	营销专员
8	人力资源部	薪酬专员	25	研发部	研发部部长
9	人力资源部	培训专员	26	研发部	高级研发工程师
10	人力资源部	招聘专员	27	研发部	研发工程师
11	人力资源部	员工关系管理专员	28	研发部	测试技术员
12	人力资源部	人事助理	29	行政管理部	综合管理部部长
13	生产运行部	生产运行部部长	30	行政管理部	行政主管
14	生产运行部	计划主管	31	行政管理部	文秘
15	生产运行部	设备管理员	32	行政管理部	前台接待
16	生产运行部	车间主任	33	行政管理部	门卫
17	生产运行部	操作工	34	行政管理部	司机

任务一　熟悉岗位评价方法

一、任务目标

1. 知识目标：了解岗位评价的原理和方法。
2. 技能目标：能够运用排序法、成对比较法、因素计点法等方法对岗位进行简单排队。
3. 素质目标：培养岗位价值决定薪酬高低是充分体现按劳分配的意识。

二、任务清单

（一）运用简单的排序法和成对比较法对岗位进行排序

任务描述	在第三方咨询机构进驻前，鑫薪公司领导要求人力资源部做好充分准备，提前熟悉岗位评价的基本方法和流程，并进行岗位预排名。 　　经过查询相关资料，你了解到岗位评价的方法包括定性评价方法与定量评价方法。定性评价方法主要包括排序法和成对比较法。
任务实施	1. 请你根据自己的理解，对鑫薪公司财务部和人力资源部共计12个岗位进行排序。 　　2. 请你运用成对比较法对上述岗位进行比较，查看比较结果跟前面排序结果是否一致性较高。 　　3. 请你总结定性评价方法的优点和缺点。

(二)熟悉因素计点法

任务描述	通过总结,你体会到定性评价方法虽然操作简单,但似乎更容易引起争议。根据与第三方咨询机构探讨决定,在后续真正实施岗位评价过程中,将采用因素计点法这一常用定量评价方法。 人力资源部经理要求你尽快熟悉因素计点法的实施原理,以便迅速配合咨询公司开展相应工作。
任务实施	1. 请你根据查阅的学习资料,总结阐述因素计点法的评价原理以及常用的四个评价要素。 2. 请你根据自己的理解,解释因素计点法中四个评价要素的含义。你是否认为这四个评价要素能够全面涵盖不同岗位之间劳动价值的差别?如果不能,你认为还需要补充什么要素?

三、任务评价

评价标准:本任务主要考查学生对常见的岗位评价方法的认识和掌握,评价标准主要为是否能够运用不同的方法对岗位进行简单排序,排序结果是否合理。

任务二　构建岗位评价模型

一、任务目标

1. 知识目标：熟悉因素计点法评价模型的原理。
2. 技能目标：能够根据企业情况建立合适的岗位评价模型。
3. 素质目标：充分体会劳动价值评价的因素，体会按劳分配的意义。

二、任务清单

（一）选取、提炼岗位评价要素

任务描述	通过前期深入学习了解可知，运用因素计点法实施岗位评价就相当于用一把有精确刻度的标尺去测量公司的全部岗位，从而实现对岗位价值的排序。因此，标尺的精确性、科学性尤为重要。 同时，由于各公司文化不同、岗位设置不同，这把"尺子"也应高度符合公司特点，才能更准确测量，并没有"放之四海而皆准"的一套万能模型，因此不是简单地跟第三方咨询机构购买一套标准模型就可以直接使用。 你作为此次项目的主要配合人，部门经理要求你全程深度参与岗位评价模型的建立工作，一方面，有利于个人学习成长；另一方面，要确保评价模型符合公司实际。 通过与第三方咨询机构沟通，对方提到建立模型第一步是要在四个要素的基础上，针对每一个要素进一步明确细分评价要素，也就是明确从哪些方面进行岗位评价。
任务实施	1. 请你思考既然已经有四个大的评价要素，即劳动责任、劳动复杂程度、劳动强度和劳动条件，为什么还要进一步分解细化成小的评价要素？

续表

任务 实施	2. 请你根据查阅的资料，结合自己的理解，重点考虑鑫薪公司实际情况，针对每一个大的评价要素尽可能多地罗列相应的子要素。 3. 请与你的同事沟通讨论，比较各自罗列的评价子要素，对自己罗列的子要素进行归纳总结，最终为岗位评价模型保留 15~18 项子要素。 注： （1）每一个大的评价要素下都应有子要素； （2）所有子要素总数量控制在 15~18 项； （3）应确保各子要素评价的内容之间不重复； （4）应确保全部子要素能够全面覆盖所有岗位之间的差异。

（二）确定评价要素的权重

任务描述	经过反复沟通、研讨，最终公司和第三方咨询机构均认可你上述提出的评价要素，下一步需明确这些评价要素在整个评价模型中所占权重或比例。第三方咨询机构建议，为便于后期打分及计算，全部要素总分设定为1 000分，每个要素的权重分值为5的整倍数。
任务实施	1. 为什么要对评价要素确定权重？你觉得确定权重的原则是什么？要考虑哪些方面？ 2. 请你尝试给所有评价要素赋以权重分数。 注：根据第三方咨询机构经验，一般来说，应先确定四个大要素的权重分数，再进一步确定各自子要素的分数。第三方咨询机构结合以往大量咨询项目案例，给出四个大要素的权重范围。其中，劳动责任一般在350~400分，劳动复杂程度在250~300分，劳动强度在150~180分，劳动条件在100~120分。

（三）明确分级定义并配点

任务描述	截至目前，已确定全部评价要素和相应权重，你认为已具备对岗位进行评价的条件。第三方咨询机构的同事提醒你可以尝试给岗位打分，试试看"尺子"是否已打造完毕并具备精准测量的功能。
任务实施	1. 请你以现有的评价要素和权重为依据，尝试对公司人力资源部岗位进行评价。如不能评价，你认为还需进一步明确什么内容？ 2. 请你以"准入学历"这一评价子要素为例，结合本公司实际情况，对子要素进行分级定义描述以及明确各等级分数。同时，请思考各等级点数与该子要素权重分数之间的关系。 3. 请你按照同样步骤给全部评价要素确定分级标准定义和相应配点，并将评价模型全部内容填入表3-2。 注：为了能够充分体现岗位差别，便于后续可以精准评价各岗位，一般建议每一个评价要素分级至少分四个等级，分级定义应尽量具体、明确、可量化。

表 3-2 岗位评价模型

大要素	权重	配点	子要素	子要素定义	子要素点数	子要素分级标准	子要素分级配点
劳动责任							
劳动复杂程度							

续表

大要素	权重	配点	子要素	子要素定义	子要素点数	子要素分级标准	子要素分级配点
劳动复杂程度							
劳动强度							
劳动条件							

（四）岗位评价试打分

任务描述	到此为止，岗位评价模型这把"尺子"已初步建立，你认为大功告成，终于可以开展岗位评价工作了。但是第三方咨询机构项目组提醒你，根据以往工作经验，岗位评价模型初步建立后，应通过小范围内部试评价进行检验，进行必要的修订、完善后才可对外公布并用于正式评价。 考虑到岗位评价工作涉及全体员工的根本利益，员工对整体工作过程的公平性、科学性较为关注。为避免后续引起争议，公司领导决定先进行小范围试评价，由你全权负责试评价的组织实施工作，为正式评价积累经验。
任务实施	1. 应该选取哪些人作为评价委员进行内部试评价打分？选取的理由或原则是什么？ 2. 应该选取哪些岗位用于试评价？选取这些岗位的理由是什么？ 3. 请你以评价委员的身份，依据前面建立的岗位评价模型，对选取的岗位进行评价打分。 注：可自行制作 Excel 表格，以便于最终计算岗位得分。

续表

任务实施	4. 请你根据自身打分的感受，体会评价体系存在的问题以及需要修改和完善的地方。 5. 请你根据自身打分的感受，总结评价委员在打分时应遵循的规则和注意事项。

三、任务评价

评价标准：本任务主要考查学生运用因素计点法原理设计相应岗位评价模型中对方法的理解和掌握。评价标准主要为所设计的评价模型中，要素选取是否符合公司实行，权重及分级是否合理。

任务三　实施岗位评价

一、任务目标

1. 知识目标：熟悉岗位评价的实施流程和注意事项。
2. 技能目标：能够组织实施岗位评价。
3. 素质目标：能够体会在岗位评价过程中，公平公正、对岗不对人的原则的重要性。

二、任务清单

（一）梳理岗位评价实施流程

任务描述	岗位评价模型几经讨论、修改及完善后最终确定，下一步就要开展正式的岗位评价打分工作，需召开正式的岗位评价会议，集中全部评价委员进行现场打分。 你作为项目对接人，需全程组织此次岗位评价会议工作。
任务实施	1. 请结合试评价的经验，罗列人力资源部从现在开始至岗位评价会议结束需要做的全部工作，并总结归纳工作流程。 2. 拓展思考：请你梳理每一步工作的注意事项。

（二）选取岗位评价委员

任务描述	岗位评价实施前，确定岗位评价委员是重要的步骤。评价委员将直接关系到评价打分的结果，因此需慎重选择评价委员，公司领导要求人力资源部先行讨论，给出拟选方案。
任务实施	1. 选取评价委员应遵循什么原则？应该选择哪些人？ 2. 全员参与、领导打分、人力资源部打分这三种方式各自存在哪些局限性？

（三）发布会议通知

任务描述	岗位评价会议是一项重要且严肃的会议，在会议中开展的评价打分工作将直接关系到员工后续薪酬等级的确定。因此，公司领导要求应提前足够的时间发布正式全面的会议通知，给评价委员充分的准备时间，也便于全体员工知晓薪酬体系设计工作开展的程序。

续表

任务实施	1. 请你拟定岗位评价会议通知，内容需包括会议召开的时间、地点、参会人员名单（岗位）、会议议程等。 2. 你需要在岗位评价会议上做主题发言，主要是向所有评价委员讲解打分时的注意事项。请罗列自己的发言提纲。 3. 请你梳理岗位评价会议上需要准备的资料，整理打包后发给相关部门安排提前打印。请你思考哪些资料可提前下发给评价委员熟悉学习，哪些资料应在会上现场发放。

（四）召开岗位评价会议

任务描述	准备工作全部就绪后，按照会议通知的时间正式召开岗位评价会议。你作为项目对接人需全程进行会议服务，同时你也是评价委员之一，需完成自己的评价打分。
任务实施	1. 请你在会议召开前梳理会议所需物料准备，并详细罗列。 2. 请你作为评价委员，对公司全部岗位进行正式打分。 注：请在 Excel 表格中完成。

三、任务评价

评价标准：本任务主要考查学生对岗位评价实施流程的设计，评价标准主要为实施流程梳理是否全面合理个人打分是否合规。

任务四 处理岗位评价数据

一、任务目标

1. 知识目标：了解岗位评价数据处理的方法。
2. 技能目标：能够对全部岗位评价数据进行科学、合理的处理并划分恰当的岗位等级。
3. 素质目标：能够考虑多方面因素，公正客观地对岗位进行等级划分。

二、任务清单

（一）汇总岗位评价数据

任务描述	经过紧张的岗位评价会议，现在所有评价委员的评分结果均已汇总到你这里，下一步需对原始数据进行处理，以便后续用于岗位等级划分。
任务实施	1. 请你将所有评价委员的数据汇总在同一张 Excel 表格中。 2. 为什么要对原始数据进行处理而不是直接使用？ 3. 请你根据自己的打分感觉，分析全部汇总数据，梳理数据存在的问题以及需要如何处理。

（二）初步处理岗位评价数据

任务描述	经过初步汇总分析，评价数据主要问题是存在雷同数据、超限数据、极端数据等，需要对这些数据进行科学处理。
任务实施	1. 请你梳理出完全雷同数据，并与相应评价委员进行沟通，了解情况并给予批评教育。 2. 请你思考针对雷同数据如何进行恰当处理，并说明理由。 3. 请你思考针对超过配点表上下限的数据应如何进行恰当处理，并说明理由。

任务 实施	4. 拓展思考：运用你所学的统计学知识，你认为评价数据还存在哪些统计学方面的问题，应如何纠正？ 5. 在 Excel 汇总表格中对数据进行上述处理。

三、任务评价

评价标准：本任务主要考查学生对评价数据合理性的辨别，评价标准主要为能否准确判断出不合理的数据，并进行相应处理。

任务五　划分岗位等级

一、任务目标

1. 知识目标：划分岗位等级的方法。
2. 技能目标：能够运用恰当的方法对岗位进行等级划分。
3. 素质目标：能够公平公正地对待评价结果，并站在公司高度对岗位等级划分进行合理调整。

二、任务清单

（一）尝试进行岗位等级划分

任务描述	经过一系列处理后的评价数据，可以作为下一步划分岗位等级的有效依据。如何将公司的岗位遵照一定的规则划分至不同的等级中，是薪酬体系改革的重要一步，也是衔接岗位评价和后续薪酬测算工作的关键环节。同时，由于岗位评价结果基本直接决定薪酬等级，因此员工对等级划分的合理性、科学性、公平性格外关注，岗位等级划分的结果是否能被员工普遍接受将直接影响薪酬改革的进程和效果。
任务实施	1. 若要进行等级划分，还需对目前的数据进行什么操作？请你在 Excel 中同步实操。 2. 请你查阅资料并选择你认为恰当的规则或方法，对评价结果进行等级划分，并在 Excel 中同步实操。同时阐述你确定的等级数量和划分等级的理由。

续表

任务实施	3. 请你与其他同事沟通探讨各自的岗位等级划分方法和结果，以帮助彼此改进各自的方法和结果。

（二）熟悉等级划分的方法并对评价结果进行等级划分

任务描述	经过与第三方咨询机构研讨可知，岗位等级划分应严格遵循评价结果，轻易变更评价结果是对自身工作的否定，会引起员工的质疑和不信任，不利于后续测算工作的顺利开展。而等级划分也必须遵循一定的方法，不能随心所欲，需要遵循一个有据可循的规则，以便在结果公布后向员工进行说明和解释。一般可以采用等差、等比、差值等方法进行划分。
任务实施	1. 请你运用等差法确定此次评价结果的等级划分区间，分别进行12级、13级、14级三种划分方式的区间计算，并在Excel中进行实操。

续表

任务 实施	2. 请你运用等比法确定此次评价结果的等级划分区间，分别进行12级、13级、14级三种划分方式的区间计算，并在Excel中进行实操。 3. 请你运用差值法确定此次评价结果的等级划分区间，分别进行12级、13级、14级三种划分方式的区间计算，并在Excel中进行实操。 4. 针对上述九种区间划分方法，分别进行岗位归级，对比各种方法下归级结果的差异性，选择一种你认为最合理的等级划分和归级方案，并阐述理由，同时在Excel中完成相关实操。 注：此次选择的岗位归级方案将作为下个项目薪酬测算的基础依据。

三、任务评价

评价标准：本任务主要考查学生对等级划分法的掌握，评价标准为不同计算方法下等级划分和归级的准确性。

项目四
薪酬体系优化与调整测算

一、情境导入

你在薪酬专员岗位上熟练地开展日常工资计算，数据准确、发放合规且及时，同时能够协助上级开展岗位评价工作，熟悉岗位评价流程和原理，具有进一步学习发展提升的潜力。

随着鑫薪公司规模不断扩大，员工薪酬分配问题越来越多，薪酬待遇多年没有动态调整，明显偏低于市场工资水平，且"干好干坏一个样"等分配不公平问题的影响日渐突出，员工工作积极性不高，陆续有青年骨干员工跳槽离开，直接影响到公司在市场中的核心竞争力。基于此，公司计划基于上阶段岗位评价成果，开展薪酬改革，重新测算工资标准，并建立动态的薪酬调整机制，更好地激励员工，留住核心骨干员工。

首先，人力资源部需要开展前期薪酬调查，充分了解薪酬分配现状。其次，基于重点分配问题，协助外聘薪酬顾问开展薪酬标准测算和套改测算，确保新的薪酬体系符合本公司实际情况和员工实际需要。最后，对接应用、宣导薪酬分配新理念、新标准、新制度，使之日益匹配公司发展需要，激励员工成长。

二、项目概况

本项目以实施薪酬改革为实训背景，基于薪酬管理的"现状分析—发现问题—解决问题"的逻辑。学生通过实训，从企业部分重点薪酬分配问题的针对性解决到整体问题的统筹解决，从个别工资模块的优化到整体薪酬结构的优化，逐步完成薪酬体系优化部分的知识学习和技能操练，为企业搭建公平分配环境奠定基础。

在此需要特别强调的是，企业薪酬管理对企业管理发展具有重要意义。薪酬改革涉及全体员工的切实利益，必须从合情、合法、合理的角度进行充分考虑和谨慎实施。因此，薪酬改革必须符合相关法律法规政策要求，必须通过民主程序，以坚持为企业负责、为员工负责的态度开展该项工作。

三、任务资料

1. 鑫薪公司岗级系数表。
2. 鑫薪公司岗位等级分布表。
3. 鑫薪公司员工信息及历史工资数据。

以上资料,详见本教材附录。

任务一　调查分析薪酬现状

一、任务目标

1. 知识目标:熟悉薪酬调查方法,掌握薪酬分配的相关理论。
2. 技能目标:能够熟练设计薪酬调查问卷,熟练应用 Excel、SPSS 工具统计分析调查数据,根据调查数据,发现常见的薪酬分配问题,并提出改进建议或调整方案。
3. 素质目标:认识到设计公平、合规、合理、合情的薪酬体系的重要意义,维护薪酬分配的公平性、真实性,遵守职业保密制度,建立正确的职业价值观,客观辩证地理解报酬的各类形式,建立正确的择业观。

二、任务清单

(一)薪酬调查问卷设计

任务描述	鑫薪公司总部薪酬现状分析报告(摘录) "企业背景 　　"鑫薪公司是一家股份合作制地方性金融机构,下辖1家总行营业部、13家支行、40家分理处、5家农村金融服务点、59家营业网点。截至上年年末,全行存贷款余额达220亿元。近年来,鑫薪公司注重加强金融创新,目前已与多个省内外银行机构建立业务合作伙伴关系,先后开办了'丰收'银行卡、'丰收'贷记卡等业务。 　　"截至上年年末,鑫薪公司在岗员工724人,按学历划分,其中研究生及以上学历9人,占比1.24%;大学本科学历370人,占比51.10%;大专学历172人,占比23.76%;中专、高中及以下学历173人,占比23.90%。 　　"鑫薪公司坚持'服务三农'的经营宗旨,通过全面推广农户小额信用贷款,开办'粮农乐'专项支农贷款、'新家园'农民建房贷款等服务品牌,支农力度不断加大。

续表

任务描述	"鑫薪公司为本地人民提供安全、快速、便捷、多样的金融服务，全力打造'小而广、小而精、小而雅'的现代社区银行，力争为每一位本地人提供优质的金融服务。 "鑫薪公司经营范围主要包括：1. 吸收公众存款；2. 发放短期、中期和长期贷款；3. 办理国内结算业务；4. 办理票据承兑和贴现；5. 代理发行、代理兑付、承销政府债券；6. 买卖政府债券、金融债券；7. 从事同业拆借；8. 代理收付款项业务及代理保险业务；9. 从事借记卡业务；10. 办理保函业务；11. 办理外汇存款，外汇贷款，国际结算，外汇拆借，资信调查、咨询和见证业务，经外汇管理机构批准的结汇、售汇业务；12. 经中国银行业监督管理机构批准的其他业务。 "…… "一、调查问卷分析报告（摘要） "（一）影响员工个人收入水平因素从高到低排序：1. 本行效益；2. 岗位本身的劳动价值；3. 员工的工作绩效表现；4. 员工的个人能力水平；5. 员工的资历。 "（二）75.66% 的员工认为同级岗位存在明显的劳动差别，其中 93.90% 的员工认为有必要在分配上反映这种差别。 "二、员工薪酬分配问题（摘要） "（一）工作内容难度大的和小的，工资待遇差不多。例如，薪酬绩效管理岗位与综合管理岗位员工岗位工资均为十级办事员岗位工资标准，未能体现岗位价值（工作复杂性、责任等）差异。 "（二）员工能力高的和一般的，工资待遇差不多。例如，同为审计员岗位工作 30 年员工和工作 2 年的员工，薪酬水平基本一致，高级职称与无职称的，薪酬水平差别不大，既不能体现员工能力差异，也不能激励员工提高个人能力水平。 "（三）干得好和干得差的，工资待遇差不多。例如，审计员岗位，有的员工可以完成 3 个项目的工作量，且完成得很好，有的员工只能完成一个项目的工作量，且水平一般，获得薪酬却基本一致，无法激发员工工作的积极性。不能激励员工将所在岗位的工作完成得更好，未能实现薪酬的激励职能。 "三、员工薪酬分配组成 "样例：普通员工月度薪酬组成 = 岗级工资 + 薪级工资 + 保留津补贴 + 职务岗位津贴 + 煤气误餐补贴 + 考勤工资 80 元 + 预发奖金 2 000 元 + 邮电费 300 元 −（养老保险 + 失业保险 + 医疗保险 + 住房公积金）。 "……"
任务实施	1. 根据案例中鑫薪公司目前员工薪酬分配存在的实际问题，思考该公司薪酬体系优化的方法。

续表

任务 实施	2. 公司负责人希望通过薪酬改革激励员工不断提升个人能力水平以及绩效表现水平，如何合理设计薪酬结构？ 3. 公司薪酬改革必然会打破原来"差不多"水平，但是员工薪酬差异过大又会引起争议，如何合理设置薪酬差距？ 4. 公司反映近年员工向周边其他银行流失严重，特别是业务骨干流失严重，请分析人才流失原因，并从薪酬管理的角度谈谈解决该问题的方法。 5. 薪酬改革涉及全体员工利益，从薪酬改革实施落地的组织程序上，谈谈如何确保合情、合法、合理地保障制度的实施落地。 6. 请为案例中的鑫薪公司设计一份"薪酬调查问卷"，要求能够充分了解该公司的薪酬现状、薪酬存在问题、员工对于薪酬的期望，并提出优化建议。

（二）企业薪酬现状调查分析

任务描述	以实习、兼职或熟悉的公司为调查对象，通过访谈和调查相结合的方式，确定薪酬调查目的和调查对象，设计薪酬调查问卷，发布并回收数据，统计分析该公司现行薪酬制度存在的问题，并从专业角度提出薪酬制度优化建议。要求提交内容如下： 1. 调查公司背景介绍； 2. 薪酬调查问卷； 3. 薪酬调查数据统计表； 4. 薪酬调查分析报告。
任务实施	

三、任务评价

评价标准表见表4-1。

表4-1 评价标准表

评分标准		优（5分）	良（4分）	中（3分）	差（1~2分）
薪酬调查问卷设计	能否全面整理出企业薪酬分配常见关键问题				
	能否应用薪酬知识对应提出改进建议或改进方案				
企业薪酬现状调查分析	薪酬调查问卷是否全面、规范、有效、可靠				
	薪酬调查数据统计是否科学合理				
	薪酬调查报告结构是否完整，内容是否切中关键问题，并对应提供改进建议或改进方案				

任务二　统计分析薪酬数据

一、任务目标

1. 知识目标：熟悉日常工资数据分层分类统计规则，熟悉工资数据统计的常规方法。

2. 技能目标：能够熟练应用Excel表格分层分类统计薪酬数据，根据薪酬统计数据，分析发现常见的薪酬分配问题，提出解决问题的建议、方案等。

3. 素质目标：认识到设计公平、合规、合理、合情的薪酬体系的重要意义，维护薪酬分配的公平性、真实性，遵守职业保密制度，建立正确的职业价值观，客观辩证地理解薪酬的各种形式，建立正确的择业观。

二、任务清单

（一）市场薪酬工资水平——最低工资

任务描述	调查分析近 10 年最低工资水平变化趋势，为薪酬标准设计奠定基础。 1. 调查收集最低工资数据； 2. 应用 Excel 表格制作工资水平变化趋势图； 3. 对比分析说明变化趋势和差异原因。
任务实施	1. 调查收集本省（市）近 10 年最低工资水平，并进行对比分析。 2. 调查收集五个不同省（市）的今年最低工资水平，并进行对比分析。

(二)市场薪酬工资水平——平均工资

任务描述	调查分析近 10 年平均工资水平变化趋势，为薪酬标准设计奠定基础。 1. 调查收集社会平均工资数据； 2. 应用 Excel 表格制作工资水平变化趋势图； 3. 对比分析说明变化趋势和差异原因。
任务实施	1. 调查收集本省（市）近 10 年社会平均工资水平，并进行对比分析。 2. 调查收集五个不同省（市）的今年社会平均工资水平，并进行对比分析。

（三）企业薪酬水平——分配现状

任务描述	根据鑫薪公司上年度工资原始数据（见附录3），完成以下统计分析任务： 1. 完成以下统计表统计任务（见表4-2、表4-3、表4-4）； 2. 用图表方式直观显示关键指标的情况，对应附薪酬分析说明； 3. 根据数据分析结构，归纳鑫薪公司的薪酬现状问题。 提示：薪酬分析既要看统计分析数据，又要关注原始数据中员工个体数据分布情况。
任务实施	**表4-2 工资总额水平分析统计表** | 分类		工资总额水平					
---	---	---	---	---	---	---	---
		人数/人	工资总额/元	各类别工资占比/%	人均工资水平/元	最高工资水平/元	最低工资水平/元
按部门分类							
按岗位性质分类	管理类						
	技术类						
	技能类						
重点关注关键岗位							

续表

表 4-3　工资结构分析统计表

	分类	基础工资/元	绩效工资/元	基础工资占比/%	绩效工资占比/%	合计/元
任务实施	按部门分类					
	按岗位性质分类 管理类					
	技术类					
	技能类					
	重点关注关键岗位					

续表

表 4-4 分类工资水平分析统计表

	分类		岗位工资/元			绩效工资/元		
			人均水平	最高水平	最低水平	人均水平	最高水平	最低水平
任务实施	按部门分类							
	按岗位性质分类	管理类						
		技术类						
		技能类						
	重点关注关键岗位							

三、任务评价

评价标准表见表 4-5。

表 4-5　评价标准表

评分标准		优 （5分）	良 （4分）	中 （3分）	差 （1~2分）
市场薪酬工资水平——最低工资	数据收集是否全面、准确				
	趋势分析是否直观、全面				
市场薪酬工资水平——平均工资	数据收集是否全面、准确				
	趋势分析是否直观、全面				
企业薪酬水平——分配现状	数据统计是否准确				
	图表分析是否直观清晰				
	薪酬问题归纳是否全面、客观合理				

任务三　测算薪酬标准

一、任务目标

1. 知识目标：熟悉薪酬的相关政策法规，掌握薪酬分配的相关理论，熟悉工资数据统计的常规方法，熟悉工资标准测算的常规方法。

2. 技能目标：能够应用等差法、等比法确定工资系数，应用点数法、系数法测算分配工资；能够应用 Excel 表格测算一岗一薪工资标准，应用 Excel 表格测算一岗多薪工资标准。

3. 素质目标：认识到设计公平合规、合理、合情的薪酬体系的重要意义，维护薪酬分配的公平性、真实性，遵守职业保密制度，建立正确的职业价值观，客观辩证地理解薪酬的各类形式，建立正确的择业观。

二、任务清单

(一)测算一岗一薪工资标准

任务描述	请应用等差法和等比法,结合点数法、系数法测算工资标准。 已知公司工资总额为 1 000 000 元,各岗级人数及最高最低工资倍数见表中数据。 1. 应用等差法和等比法计算点数/系数; 2. 计算每个岗位等级对应员工的总点数和系数和; 3. 计算公司点值和系数值; 4. 计算工资标准,并四舍五入。
任务实施	1. 应用等差点数法(见表 4-6)测算一岗一薪工资标准(已知工资总额、工资倍数和薪点数)。

表 4-6 等差点数法(已知最低和最高岗级点数)

岗位工资等级	在岗人数/人	岗级点数/点	点数和/点	点值	工资标准/元(个位四舍五入)
15	2	800			
14	3				
13	2				
12	5				
11	8				
10	12				
9	15				
8	18				
7	11				
6	7				
5	8				
4	5				
3	4				
2	5				
1	3	100			
合计					

续表

任务实施	2. 应用等差系数法（见表4-7）测算一岗一薪工资标准（已知工资总额、工资倍数和薪点数）。 **表4-7　等差系数法（已知最低和最高岗级系数）** | 岗位工资等级	在岗人数/人	岗级系数	系数和	一级工资标准/元	工资标准/元（个位四舍五入）
---	---	---	---	---	---
15	2	8			
14	3				
13	2				
12	5				
11	8				
10	12				
9	15				
8	18				
7	11				
6	7				
5	8				
4	5				
3	4				
2	5				
1	3	1			
合计						

续表

	3. 应用等比点数法（见表 4-8）测算一岗一薪工资标准（已知工资总额、工资倍数和薪点数）。						
	表 4-8 等比点数法（已知最低和最高岗级点数）						
	岗位工资等级	在岗人数/人	岗级点数/点	点数和/点	点值	工资标准/元（个位四舍五入）	
	15	2	600				
	14	3					
	13	2					
	12	5					
	11	8					
任务实施	10	12					
	9	15					
	8	18					
	7	11					
	6	7					
	5	8					
	4	5					
	3	4					
	2	5					
	1	3	100				
	合计						

续表

	4. 应用等比系数法（见表4-9）测算一岗一薪工资标准（已知工资总额、工资倍数和薪点数）。						
	表4-9 等比系数法（已知最低和最高岗级系数）						
任务实施	岗位工资等级	在岗人数/人	岗级系数	系数和	一级工资标准/元	工资标准/元（个位四舍五入）	
	15	2	6				
	14	3					
	13	2					
	12	5					
	11	8					
	10	12					
	9	15					
	8	18					
	7	11					
	6	7					
	5	8					
	4	5					
	3	4					
	2	5					
	1	3	1				
	合计						

（二）测算一岗多薪工资标准

任务描述	应用"一岗一薪工资标准"测算"一岗多薪工资标准"。
任务实施	1. 将表 4-4 中"工资标准"填入表 4-10 第七档。 2. 按照"一岗一薪工资标准"的 3% 计算档差，档差个位四舍五入，个位为 0。 3. 在第七档工资标准基础上分别计算并填入一至六档和八至十二档的工资标准。 表 4-10　一岗多薪测算表 {TABLE}

表 4-10　一岗多薪测算表

档次标准岗级	级差	档差	工资档次/元											
			1	2	3	4	5	6	7	8	9	10	11	12
一	4 340													
二	4 340													
三	4 340													
四	4 340													
五	4 340													
六	4 340													
七	4 340													
八	4 340													
九	4 340													
十	4 340													
十一	4 340													
十二	4 340													
十三	4 340													
十四	4 340													
十五	4 340													

续表

任务实施	4. 将表 4-6 中"工资标准"填入表 4-11 第七档。 5. 按照"一岗一薪工资标准"的 3% 计算档差,档差个位四舍五入,个位为 0。 6. 在第七档工资标准基础上分别计算并填入一至六档和八至十二档的工资标准。 表 4-11 一岗多薪测算表 | 档次标准 岗级	级差	档差	工资档次 / 元											
			1	2	3	4	5	6	7	8	9	10	11	12
一	4 340													
二	4 340													
三	4 340													
四	4 340													
五	4 340													
六	4 340													
七	4 340													
八	4 340													
九	4 340													
十	4 340													
十一	4 340													
十二	4 340													
十三	4 340													
十四	4 340													
十五	4 340														

（三）综合测算岗位工资标准

任务描述	在鑫薪公司工资总额保持不变的前提下，根据岗位归级方案（见附录1、附录2），测算岗位工资标准。并根据员工基本情况（见附录3）选择合适的套档方式，将岗位工资标准套入到员工岗位工资，进行套改前后工资总额变化分析。要求提交： 1. 岗位工资标准表； 2. 岗位工资套入条件表； 3. 员工岗位工资套改表（计算员工岗位工资套入新标准后的工资总额）。
任务实施	

(四)综合测算绩效工资标准

任务描述	根据鑫薪公司背景及主营业务,测算业务部门本月10名员工(见表4-12)的奖金分配额度。假设该部门可二次分配的绩效奖金总额为 500 000 元。 1. 采用两种以上的方法进行测算; 2. 对比两种分配方案,结合管理需要,说明选择哪种方案更优。
任务实施	**表4-12 鑫薪公司金融部门员工岗位工资等级及历史绩效等级** | 序号	姓名	岗位工资等级	绩效等级
---	---	---	---
1	殷玉来	16	称职
2	张唯娣	24	优秀
3	高治佩	23	称职
4	焦建	7	称职
5	冀小	10	不称职
6	张西文	11	称职
7	穆君	9	优秀
8	杨婷晨	11	基本称职
9	陈银	22	称职
10	王玉锋	24	称职	

续表

1. 岗位—绩效比例法。根据一岗一薪制，测定工资等级系数，按照系数分配绩效工资标准，并结合员工实际绩效成绩浮动发放（见表4-13）。

表4-13　鑫薪公司部室岗位—绩效工资等级及标准表

岗级	薪点系数	岗级	薪点系数	岗级	薪点系数
24	1.349	17	1.159	10	1.057
23	1.317	16	1.144	9	1.043
22	1.286	15	1.128	8	1.028
21	1.254	14	1.114	7	1.014
20	1.223	13	1.099	6	1.000
19	1.191	12	1.085		
18	1.175	11	1.071		

测算填写表4-14（优秀上浮20%，基本称职下浮5%，不称职下浮50%）。

表4-14

序号	姓名	岗位工资等级	薪点系数	绩效等级	绩效系数	总分配系数	实际分配绩效工资
1	殷玉来	16		称职			
2	张唯娣	24		优秀			
3	高治佩	23		称职			
4	焦建	7		称职			
5	冀小	10		不称职			
6	张西文	11		称职			
7	穆君	9		优秀			
8	杨婷晨	11		基本称职			
9	陈银	22		称职			
10	王玉锋	24		称职			

续表

| 任务实施 | 2. 层级分类系数法。按照普通员工岗位1.00，中层副职1.16，中层正职1.30，根据层级系数和人数以及绩效工资总额，来测定不同系数对应的绩效工资标准（见表4-15）。 |

表4-15 层级绩效系数—工资标准测算表

岗位层级	层级绩效系数	层级绩效标准/元	工资标准/元				
			优秀	良好	称职	基本称职	不称职
总师	1.35	4 900	5 880	5 390	4 900	3 920	2 450
部门正职	1.30	4 700	5 640	5 170	4 700	3 760	2 350
部门副职	1.16	4 200	5 040	4 620	4 200	3 360	2 100
普通员工	1.00	3 600	4 320	3 960	3 600	2 880	1 800

注：优秀系数为1.20，良好系数为1.10，称职系数为1.00，基本称职系数为0.80，不称职系数为0.50。

测算填写表4-16（优秀上浮20%，基本称职下浮5%，不称职下浮50%）。

表4-16

序号	姓名	层级绩效系数	绩效等级	绩效系数	总分配系数	实际分配绩效工资
1	殷玉来		称职			
2	张唯娣		优秀			
3	高治佩		称职			
4	焦建		称职			
5	冀小		不称职			
6	张西文		称职			
7	穆君		优秀			
8	杨婷晨		基本称职			
9	陈银		称职			
10	王玉锋		称职			

续表

任务实施	3. 对比分析说明。

（五）综合测算职员等级工资标准

任务描述	请从员工价值贡献影响因素分析的角度，设计鑫薪公司员工综合贡献积分标准和套入标准。要求： 1. 参考鑫薪公司背景情况（人数、历史工资等，见附录3），确定职员职级个数； 2. 参考员工价值贡献相关论文研究成果（即员工价值贡献从哪些方面可以体现，如不同学历、不同绩效、不同职称等），根据影响程度的不同，采用专家法确定积分权重； 3. 确定积分套入区间（多少分可以套入多少级）； 4. 根据员工历史工资水平和等级个数，测算工资标准； 5. 根据员工基本信息进行套改，分析工资增长幅度，从而进行个数、条件、标准的微调。

续表

任务实施	

(六)综合测算调整企业薪酬分配结构

任务描述	研读近 1 至 2 年本地政府发布的工资指导线文件,结合近年本省市社会平均工资和最低工资水平的变化趋势,以及鑫薪公司历史工资数据及统计分析,分析确定今年各层级员工(总师、中层正职、中层副职、普通员工)的工资水平调整比例设置的合理范围,并说明原因。
任务实施	

三、任务评价

评价标准表见表4-17。

表4-17 评价标准表

评分标准		优（5分）	良（4分）	中（3分）	差（1~2分）
测算一岗一薪工资标准	工资标准测算是否准确				
	是否能够应用Excel技能提高测算效率				
测算一岗多薪工资标准	工资标准测算是否准确				
	是否能够应用Excel技能提高测算效率				
综合测算岗位工资标准	工资标准测算是否准确				
	工资套入条件规则设计是否合理、全面				
	工资套改数据是否准确				
综合测算绩效工资标准	工资标准测算是否准确				
	方案对比决策是否合理				
综合测算职员等级工资标准	积分套档标准设计是否合理、全面				
	工资标准是否测算准确				
	工资套改数据是否准确				
综合测算调整企业薪酬分配结构	整体分配方案是否合理、合情、合规，且符合实际需求				
	工资水平调整比例设置是否科学				
	分配结构与分配标准调整是否合理、符合人才激励实际需要				

任务四 套改薪酬方案

一、任务目标

1. 知识目标：熟悉薪酬的相关政策法规，掌握薪酬分配的相关理论，熟悉工资套级套档的常规方法，熟悉工资套改测算的常规方法。

2. 技能目标：能够设计工资套级套档规则，按照规则套级套档计算工资标准，应用 Excel 表格进行套改测算，能应用 Excel 表格进行测算对比新旧方案，并优化调整，根据测算数据，优化设计薪酬分配方案。

3. 素质目标：认识到设计公平合规、合理、合情的薪酬体系的重要意义，维护薪酬分配的公平性、真实性，遵守职业保密制度，建立正确的职业价值观，客观辩证地理解报酬的各类形式，建立正确的择业观。

二、任务清单

（一）套入岗位等级

任务描述	根据《岗位等级分布表》《一岗一薪工资标准表（等比点数法）》，查询套入确定表 4-18 中 6 名员工岗位工资等级及工资标准。 1. 查询附录 2《鑫薪公司岗位等级分布表》，按照员工岗位，确定员工的岗位工资等级； 2. 查询上节测算的一岗一薪工资标准，按照岗位工资等级，确定员工的岗位工资标准； 3. 应用 Excel 表格，快速实现以上套级套档步骤（提示：VLOOKUP 函数）。
任务实施	表 4-18　鑫薪公司部分员工岗位工资等级与标准 | 姓名	部门	岗位名称	岗位工资等级	岗位工资标准
---	---	---	---	---
陈光亮	人力资源部	薪酬管理岗		
申立生	公司金融部	授信管理岗		
寇保珠	合规风险部	授信审查岗		
左军	计划财务部	支行财务主管		
张炜虎	科技信息部	数据分析岗		
豆文普	行政办公室	驾驶员			

（二）套入工资档次

任务描述	根据下列 4 类套档规则，套入以下 6 名员工的工资档次和工资标准。 1. 查询《鑫薪公司员工信息及历史工资数据》（见附录 3），套入档次； 2. 查询《一岗多薪工资标准表（等比点数法）》，套入工资标准； 3. 应用 Excel 表格，快速实现以上工资套档套薪步骤（提示：VLOOKUP/INDEX 函数）。
任务实施	1. 按照职称等级、技术年限套档。

表 4-19　鑫薪公司职称等级、技术年限套档表

高级工程师	技术年限	4 年及以下	5～8 年	9～12 年	13～16 年	17 年及以上
	工资档次	2	3	4	5	6
副高级工程师	技术年限	4 年及以下	5～8 年	9～12 年	13～16 年	17 年及以上
	工资档次	3	4	5	6	7
工程师	技术年限	4 年及以下	5～8 年	9～12 年	13～16 年	17 年及以上
	工资档次	5	6	7	8	9
助理工程师	技术年限	4 年及以下	5～8 年	9～12 年	13～16 年	17 年及以上
	工资档次	6	7	8	9	10
技术员	技术年限	4 年及以下	5～8 年	9～12 年	13～16 年	17 年及以上
	工资档次	8	9	10	11	12

表 4-20　鑫薪公司部分员工工资档次和工资标准

姓名	部门	岗位名称	职称	取证时间	工资等级	工资档次	工资标准
陈光亮	人力资源部	薪酬管理岗	高级工程师	2013 年			
申立生	公司金融部	授信管理岗	高级工程师	2018 年			
寇保珠	合规风险部	授信审查岗	高级工程师	2014 年			
左军	计划财务部	支行财务主管	高级工程师	2019 年			
张炜虎	科技信息部	数据分析岗	工程师	2017 年			
豆文普	行政办公室	驾驶员	工程师	2020 年			

续表

任务实施	2. 按照岗位胜任力水平套档。 **表 4-21 岗位胜任力套级条件表** 	岗位胜任力	非常胜任	胜任	基本胜任	不胜任
薪档	3	2	1	实习档 | **表 4-22 鑫薪公司部分员工工资档次和工资标准** | 姓名	部门	岗位名称	岗位胜任	工资等级	工资档次	工资标准
---	---	---	---	---	---	---
陈光亮	人力资源部	薪酬管理岗	胜任			
申立生	公司金融部	授信管理岗	胜任			
寇保珠	合规风险部	授信审查岗	胜任			
左军	计划财务部	支行财务主管	非常胜任			
张炜虎	科技信息部	数据分析岗	胜任			
豆文普	行政办公室	驾驶员	非常胜任			| 3. 按照绩效表现水平套档。 **表 4-23 绩效表现水平套级条件表** | 绩效等级	优秀	良好	称职	不称职
薪档	3	2	1	实习档 | **表 4-24 鑫薪公司部分员工工资档次和工资标准** | 姓名	部门	岗位名称	绩效考核	工资等级	工资档次	工资标准
---	---	---	---	---	---	---
陈光亮	人力资源部	薪酬管理岗	称职			
申立生	公司金融部	授信管理岗	称职			
寇保珠	合规风险部	授信审查岗	称职			
左军	计划财务部	支行财务主管	优秀			
张炜虎	科技信息部	数据分析岗	称职			
豆文普	行政办公室	驾驶员	称职				

续表

| 任务实施 | 4. 按照软硬件结果综合积分水平套档。 |

表 4-25 软硬件结合综合积分套级条件表

积分维度		等级划分	积分值	初始套级规则
工作经验	任职年限（中层干部）	5年及以下	1	当综合积分≥6分时，套入所在岗级第3薪级； 当4分≤综合积分≤5分时，套入所在岗级第2薪级； 当综合积分<4分时，套入所在岗级的第1薪级。
		5~10年（含）	2	
		10~20（含）	3	
		20年以上	4	
	司龄（一般员工）	5年及以下	1	
		5~10年（含）	2	
		10~20年（含）	3	
		20年以上	4	
工作表现		优秀	4	
		良好	3	
		称职	1	

表 4-26 鑫薪公司部分员工工资档次和工资标准

姓名	部门	岗位名称	入职时间	司龄积分	工作表现积分	总积分	工资等级	工资档次	工资标准
陈光亮	人力资源部	薪酬管理岗	2003年7月1日						
申立生	公司金融部	授信管理岗	2015年7月2日						
寇保珠	合规风险部	授信审查岗	2002年7月1日						
左军	计划财务部	支行财务主管	2008年7月1日						
张炜虎	科技信息部	数据分析岗	2019年7月2日						
豆文普	行政办公室	驾驶员	2010年7月3日						

注：6名员工均为普通员工，任职年限积分为0。

(三) 综合套改测算和薪酬体系优化

任务描述	以导入案例鑫薪公司为演练对象，根据其薪酬现状分析报告内容，结合历史工资数据分析，提出综合全面的薪酬优化方案框架，并结合该企业工资历史数据，进行工资测算套入，并就改革前后的数据进行对比分析，就高低情况进行说明，确定下一步优化调整方向。
任务实施	

三、任务评价

评价标准表见表4-27。

表4-27 评价标准表

评分标准		优（5分）	良（4分）	中（3分）	差（1~2分）
套入岗位等级	工资等级、工资标准套入是否准确				
	是否能够应用Excel技能提高套入操作效率				
套入工资档次	工资档次、工资标准套入是否准确				
	是否能够应用Excel技能提高套入操作效率				
综合套改测算和薪酬体系优化	工资测算套入是否准确				
	改革前后数据对比分析是否全面、合理，紧抓薪酬分配的关键点				
	优化调整内容是否科学合理				

附录

附录 1：鑫薪公司岗级系数表（6~24 级）

（等比系数 $\gamma=5.69\%$）

岗级	岗级系数	分值范围	
		下限	上限
24	2.71	833.89	881.32
23	2.56	789.00	833.88
22	2.42	746.53	788.99
21	2.29	706.34	746.52
20	2.17	668.32	706.33
19	2.05	632.35	668.31
18	1.94	598.31	632.34
17	1.84	566.10	598.30
16	1.74	535.63	566.09
15	1.65	506.80	535.62
14	1.56	479.52	506.79
13	1.47	453.70	479.51
12	1.39	429.28	453.69
11	1.32	406.17	429.27
10	1.25	384.31	406.16
9	1.18	363.62	384.30
8	1.12	344.05	363.61
7	1.06	325.53	344.04
6	1.00	308.01	325.52

附录 2：鑫薪公司岗位等级分布表（6~24 级）

岗级	分值范围下限	分值范围上限	各层级岗级跨度分布表	行政办公室	人力资源部	运营维护部	公司金融部	个人金融部	合规风险部	计划财务部	科技信息部	内部审计部	支行
24	833.89	881.32	正职	主任	总经理	总经理	总经理	总经理	总经理	总经理	总经理	总经理	行长
23	789.00	833.88											
22	746.53	788.99											
21	706.34	746.52	副职	副主任	总经理助理	总经理助理	副总经理	总经理助理	副总经理	副总经理		总经理助理	副行长
20	668.32	706.33											
19	632.35	668.31	基层管理岗										
18	598.31	632.34					小企业服务中心主任	银行卡中心主任					营业部主任
17	566.10	598.30					资金营运中心主任 / 国际业务中心主任	农村金融服务中心主任					分理处主任

续表

岗级	分值范围 下限	分值范围 上限	各层级岗级跨度分布表	行政办公室	人力资源部	运营维护部	公司金融部	个人金融部	合规风险部	计划财务部	科技信息部	内部审计部	支行
16	535.63	566.09	基层管理岗 16			监察室主任				清算中心主任			分理处农贷中心主任
15	506.80	535.62	基层管理岗 15 / 一般员工岗 15			后勤保障中心主任	授信管理岗			业务监督中心主任 / 总行财务主管岗 / 支行财务主管岗			营业部网点主管 / 营业部对公客户经理
14	479.52	506.79	一般员工岗 14	文字秘书岗	绩效管理岗	加钞中心主任	资金计划管理岗 / 资金营运中心债券业务岗	城镇业务拓展管理岗	合规管理专员	会计检辅岗 / 财务数据分析岗	软件开发岗	信贷审计岗	分理处网点主管

续表

岗级	分值范围		各层级岗级跨度分布表	行政办公室	人力资源部	运营维护部	公司金融部	个人金融部	合规风险部	计划财务部	科技信息部	内部审计部	支行
	下限	上限											
14	479.52	506.79	一般员工岗 14 基层管理岗 14			工会办主任	资金营运中心同业合作岗 国际业务中心国际结算岗	农村金融服务中心农村业务拓展管理岗 农村金融服务中心中间业务管理岗	授信审查岗 信贷审查岗	装修预算管理岗	网络硬件管理岗 数据分析岗 村镇银行项目管理岗 村镇银行运维管理岗 数据管理岗	计算机审计岗 财务审计岗	

续表

岗级	分值范围 下限	分值范围 上限	各层级岗级跨度分布表	行政办公室	人力资源部	运营维护部	公司金融部	个人金融部	合规风险部	计划财务部	科技信息部	内部审计部	支行
13	453.70	479.51	13	宣传秘书岗	薪酬管理岗		国际业务中心外汇会计岗	银行卡中心审查岗	不良信贷资产管理岗	清算中心主办会计岗		综合管理岗	分理处对私客户经理
					培训管理岗			综合管理岗	信贷系统管理操作岗				
					招聘管理岗			银行卡中心建档岗	信贷操作风险预警排查岗				
								银行卡中心开户岗					
12	429.28	453.69	12	网点标化与行风建设管理岗					综合统计员（1104A岗）	报表统计岗			分理处农贷中心农业客户经理

续表

岗级	分值范围 下限	分值范围 上限	各层级岗级跨度分布表	行政办公室	人力资源部	运营维护部	公司金融部	个人金融部	合规风险部	计划财务部	科技信息部	内部审计部	支行
12	429.28	453.69	12	文书岗		后勤保障中心押运组长；基建办大楼基建主管岗							营业部营业联行员
11	406.17	429.27	11			基建办大楼基建管理岗；监察室监察管岗；安全保卫科非现场检查岗；安全保卫科综合管理岗			综合统计员（1104B岗）				营业部主出纳；综合统计员；分理处综合柜员；营业部综合柜员

续表

岗级	分值范围		各层级岗级跨度分布表	行政办公室	人力资源部	运营维护部	公司金融部	个人金融部	合规风险部	计划财务部	科技信息部	内部审计部	支行
	下限	上限											
10	384.31	406.16	10	出纳岗		安全保卫科监控管理岗		客户服务中心客户服务岗					
						后勤保障中心网点设备维护岗							
				接待主管岗		后勤保障中心网点装修管理岗							
						安全保卫科监控操作岗							
						加钞中心加钞员							

续表

各层级岗级跨度分布表

岗级	分值范围 下限	分值范围 上限	行政办公室	人力资源部	运营维护部	公司金融部	个人金融部	合规风险部	计划财务部	科技信息部	内部审计部	支行
10	384.31	406.16			后勤保障中心经济护卫管理岗							
9	363.62	384.30	总务岗		后勤保障中心驾驶员；后勤保障中心押运员；工会办公管理岗、后勤保障中心业务交接岗				业务监督中心重点监督与补录入岗；业务监督中心扫描录入岗			抵押登记员
8	344.05	363.61	驾驶员									
7	325.53	344.04	前台									
6	308.01	325.52	接待岗									驾驶员

附录 3：鑫薪公司员工信息及历史工资数据（按姓氏拼音排序）

基础信息							原始工资数据				
姓名	部门名称	岗位名称	入行时间/年	工龄/年	学历	职称	月度基础工资/元	年度基础工资/元	绩效工资系数	全年绩效工资总额/元	工资总额/元
蔡玲生	合规风险部	不良信贷资产管理岗	2012	8	本科	助理经济师	2 526	30 312	1.45	94 250	124 562
陈光亮	人力资源部	薪酬管理岗	2003	17	本科	中级经济师	2 998	35 976	1.45	94 250	130 226
陈娟	个人金融部	农村金融服务中心中间业务管理岗	2015	5	本科	助理经济师	2 263	27 156	1.45	94 250	121 406
陈善斌	计划财务部	支行财务主管	2015	5	本科	无	2 295	27 540	1.45	94 250	121 790
陈永军	运营维护部	安全保卫科综合管理岗	2001	19	本科	中级经济师	3 054	36 648	1.55	100 750	137 398
陈重庆	科技信息部	软件开发岗	2017	3	本科	无	2 263	27 156	1.45	94 250	121 406
崔安胜	个人金融部	银行卡中心审查岗	2016	4	本科	无	2 279	27 348	1.45	94 250	121 598
党彦华	计划财务部	支行财务主管	2015	5	本科	助理经济师	2 295	27 540	1.45	94 250	121 790
丁兵奇	科技信息部	村镇银行项目管理岗	2019	1	研究生	无	2 331	27 972	1.45	94 250	122 222
丁刘洁	计划财务部	支行财务主管	2015	5	本科	助理经济师	2 295	27 540	1.45	94 250	121 790
豆文普	行政办公室	驾驶员	2010	10	大专	无	2 486	29 832	1.3	84 500	114 332
段所	运营维护部	安全保卫科综合管理岗	1997	23	本科	助理经济师	2 858	34 296	1.45	94 250	128 546
段明玲	计划财务部	支行财务主管	2013	7	本科	助理经济师	2 526	30 312	1.45	94 250	124 562
冯磊喜	计划财务部	会计检辅岗	1996	24	本科	助理经济师	2 796	33 552	1.45	94 250	127 802

续表

基础信息							原始工资数据			
姓名	部门名称	岗位名称	入行时间/年	工龄/年	学历	职称	月度基础工资/元	年度基础工资/元	绩效工资系数	全年绩效工资总额/元	全年工资总额/元
高利远	内部审计部	财务审计岗	2001	19	本科	中级经济师	3 168	38 016	1.45	94 250	132 266
高秋亮	公司金融部	资金营运中心同业合作岗	2015	5	本科211	无	2 279	27 348	1.45	94 250	121 598
郝震庆	计划财务部	支行财务主管	2001	19	大专	助理经济师	2 710	32 520	1.45	94 250	126 770
侯东	个人金融部	农村金融服务中心农村业务拓展管理岗	2000	20	本科	会计员	2 673	32 076	1.45	94 250	126 326
侯欢	计划财务部	财务数据分析岗	2017	3	研究生	无	2 331	27 972	1.3	84 500	112 472
黄国映	内部审计部	信贷审计岗	1997	23	大专	助理经济师	2 756	33 072	1.45	94 250	127 322
黄娟	行政办公室	文字秘书岗	2018	2	研究生	无	2 313	27 756	1.3	84 500	112 256
姬立都	公司金融部	国际业务中心外汇会计岗	2019	1	研究生	无	2 351	28 212	1.45	94 250	122 462
金利维	合规风险部	综合统计岗	2016	4	本科	统计员	2 279	27 348	1.45	94 250	121 598
金小欢	公司金融部	授信管理岗	2014	6	本科	无	2 399	28 788	1.45	94 250	123 038
孔迎	运营维护部	工会办工会管理岗	1986	34	大专	助理经济师	700	8 400	1.7	170 380.8	178 780.8
寇保珠	合规风险部	授信审查岗	2002	18	本科	中级经济师	3 060	36 720	1.45	94 250	130 970
雷永喜	合规风险部	信贷操作风险预警排查岗	2000	20	本科	中级经济师	3 018	36 216	1.45	94 250	130 466

续表

基础信息							原始工资数据			
姓名	部门名称	岗位名称	入行时间/年	工龄/年	学历	职称	月度基础工资/元	年度基础工资/元	绩效工资系数	全年绩效工资总额/元	全年工资总额/元
李彩升	计划财务部	支行财务主管	2013	7	本科	助理经济师	2 526	30 312	1.45	94 250	124 562
李飞	合规风险部	综合统计员（1104B岗）	2016	4	本科	无	2 279	27 348	1	65 000	92 348
李洁洲	个人金融部	银行卡中心开户岗	2015	5	本科	助理经济师	2 263	27 156	1.45	94 250	121 406
李伟院	计划财务部	支行财务主管	2013	7	本科	无	2 526	30 312	1.45	94 250	124 562
李新民	董事会办公室	综合管理员	1989	31	大专	中级经济师	3 401	40 812	1.45	94 250	135 062
李亚	行政办公室	总务岗	1984	36	中专	助理经济师	3 111	37 332	1.45	94 250	131 582
李志	公司金融部	资金计划管理岗	2008	12	本科	无	2 361	28 332	1.45	94 250	122 582
梁利运	行政办公室	宣传秘书岗	2014	6	本科	无	2 399	28 788	1.45	94 250	123 038
刘军明	人力资源部	绩效管理岗	2017	3	本科	无	2 263	27 156	1.3	84 500	111 656
刘攀侠	公司金融部	资金营运中心债券业务岗	2014	6	本科	助理会计师	2 499	29 988	1.45	94 250	124 238
刘启涛	内部审计部	综合管理岗	2017	3	研究生	无	2 331	27 972	1.45	94 250	122 222
罗志	公司金融部	授信管理岗	2015	5	本科211	无	2 295	27 540	1.45	94 250	121 790
马明军	计划财务部	支行财务主管	2016	4	本科	无	2 279	27 348	1.45	94 250	121 598
秦思超	科技信息部	数据管理岗	2016	4	本科211	无	2 279	27 348	1.45	94 250	121 598

续表

基础信息						原始工资数据				
姓名	部门名称	岗位名称	入行时间/年	工龄/年	学历	职称	月度基础工资/元	年度基础工资/元	绩效工资系数	全年绩效工资总额/元	工资总额/元
邱小辉	合规风险部	合规管理专员	2012	8	本科	无	2 508	30 096	1.45	94 250	124 346
邵国庆	计划财务部	报表统计岗	1992	28	大专	无	2 892	34 704	1.45	94 250	128 954
申立生	公司金融部	授信管理岗	2015	5	本科	助理经济师	2 263	27 156	1.3	84 500	111 656
盛小仔	计划财务部	支行财务主管	2016	4	本科	无	2 279	27 348	1.45	94 250	121 598
宋明	公司金融部	资金营运中心债券业务岗	2017	3	研究生	无	2 331	27 972	1.45	94 250	122 222
宋亚	运营维护部	基建办大楼基建管理岗	1996	24	中专	无	2 796	33 552	1.45	94 250	127 802
孙佳军	合规风险部	授信审查岗	1997	23	本科	助理经济师	2 756	33 072	1.45	94 250	127 322
孙社建	公司金融部	综合管理岗	2013	7	本科	助理经济师	2 526	30 312	1.45	94 250	124 562
孙西胡	人力资源部	招聘管理岗	2016	4	本科 211	无	2 279	27 348	1.45	94 250	121 598
王凯安	科技信息部	网络硬件管理岗	2016	4	本科	无	2 279	27 348	1.45	94 250	121 598
王文	内部审计部	信贷审计岗	2000	20	本科	助理经济师	2 756	33 072	1.45	94 250	127 322
王云仁	计划财务部	支行财务主管	1996	24	大专	无	2 725	32 700	1.45	94 250	126 950
魏小	个人金融部	综合管理员	2013	7	本科	助理经济师	2 526	30 312	1.45	94 250	124 562
徐剑峰	行政办公室	驾驶员	2005	15	中专	无	2 542	30 504	1.3	84 500	115 004

续表

基础信息						原始工资数据				
姓名	部门名称	岗位名称	入行时间/年	工龄/年	学历	职称	月度基础工资/元	年度基础工资/元	绩效工资系数	全年绩效工资总额/元	全年工资总额/元
杨勃根	计划财务部	支行财务主管	2014	6	本科	助理经济师	2 399	28 788	1.45	94 250	123 038
杨宏林	科技信息部	村镇银行运维管理岗	2017	3	研究生	无	2 331	27 972	1.45	94 250	122 222
杨应	个人金融部	农村金融服务中心中间业务管理岗	2015	5	本科	无	2 295	27 540	1.45	94 250	121 790
张东凤	董事会办公室	综合管理员	2017	3	本科 211	无	2 263	27 156	1.3	84 500	111 656
张广	行政办公室	文书岗	1996	24	本科	会计员	2 756	33 072	1.45	94 250	127 322
张康宏	科技信息部	数据分析岗	2019	1	研究生	无	2 193	26 316	1	65 000	91 316
张亮凤	计划财务部	支行财务主管	2001	19	本科	助理工程师	2 644	31 728	1.45	94 250	125 978
张明伟	运营维护部	监察室监察管理员	1995	25	高中	无	3 034	36 408	1.7	100 892.89	137 300.89
张少利	董事会办公室	综合管理岗	2015	5	本科	无	2 279	27 348	1.45	94 250	121 598
张铁海	计划财务部	装修预算管理岗	2016	4	本科 211	无	2 279	27 348	1.45	94 250	121 598
张炜虎	科技信息部	数据分析岗	2019	1	大专	无	2 108	25 296	1	65 000	90 296
张小海	合规风险部	信贷审查岗	2008	12	中专	无	2 365	28 380	1.45	94 250	122 630
张运水	运营维护部	基建办大楼基建主管岗	1986	34	中专	无	3 080	36 960	1.7	110 500	147 460
张哲明	行政办公室	网点标化与行风建设管理岗	2017	3	研究生	无	2 331	27 972	1.45	94 250	122 222

续表

基础信息							原始工资数据			
姓名	部门名称	岗位名称	入行时间/年	工龄/年	学历	职称	月度基础工资/元	年度基础工资/元	绩效工资系数	全年绩效工资总额/元	工资总额/元
赵军仔	行政办公室	网点标化与行风建设管理岗	2008	12	本科	助理经济师	2 499	29 988	1.45	94 250	124 238
赵贤超	合规风险部	信贷系统管理操作岗	2006	14	本科	助理会计师	2 648	31 776	1.45	94 250	126 026
赵战	行政办公室	宣传秘书岗	2019	1	本科211	无	2 108	25 296	1	65 000	90 296
周东锋	计划财务部	支行财务主管	2006	14	本科	助理会计师	2 602	31 224	1.45	94 250	125 474
左军	计划财务部	支行财务主管	2008	12	本科	助理会计师	2 496	29 952	1.45	94 250	124 202